時間とお金に
愛される
ミニマリスト
7人の毎日

「大好きなもの」しか持たない

# 少ない暮らし



M
e
あい
Od
小菅彩子
よしかわりな

日本文芸社

# はじめに

多くの人が、幸せになるために「もの」を買います。

もっと豊かな生活を送りたい、もっと毎日を楽しく過ごしたい、もっと素敵な私になりたい……多くの場合、何かを購入する時、ベースにあるのはそんな思いでしょう。


でも、もしあなたが、ものを買っても買っても満たされないと感じるのなら。

ものは身の回りにたくさんあるはずなのに、いつも何かが足りない気がしているのなら。

一度、ものを「増やす」のではなく、「減らす」ことを考えてみませんか？


本書に登場するのは、日々ミニマルな暮らしをＳＮＳで発信する、７名の人気女性インフルエンサーたち。

彼女たちは決して、もとからミニマリストだったわけではありません。中には、ものが溢れ返った部屋で、言いようのない虚しさやストレスを感じたり、浪費家の自分に嫌気が差していたりした方も。

きっかけは様々ですが、彼女たちは「多くのもの」によって成り立っていた生活を変える決意をし、ものを手放していきました。そしていつしか、シンプルな暮らしの心地よさに目覚めていったのです。

今、彼女たちの家には、本当に自分を幸せにしてくれるものだけが、すっきりと収められています。

「ミニマリスト」とは決して、殺風景な部屋で、無機質な暮らしを送る人のことではありません。

自分にとって本当に大切なものを選び抜き、お気に入りのものだけに囲まれて暮らす人のこと。そして、今持っているものの素晴らしさに、目を向けられる人のことです。

不要なものを手放せば、心から愛を感じる、大好きなものだけに囲まれた暮らしが叶います。

それは、究極の「自愛」と言えるのかもしれません。

この本を読み終える頃にはきっと、大切なあなた自身のために、「最高の空間」をつくりたくてたまらなくなるはずです。

日本文芸社　編集部

# Contents


はじめに ……………………………………………………………… 002

minimalist questionnaire ………………………………………… 190

minimalist 01　MIHO

## ものを手放したことで、「自分を慈しむ暮らし」を叶えることができた


何者かになりたくて、ずっと足し算で生きていた私 …………………… 009
本当に必要なものだけが置かれた空間で、自分を慈しむ ………………… 010
ものを手放す中で、他人軸で生きていた自分に気がついた ……………… 012
「これも自分」という思いが、闘病中も私を支えてくれた ……………… 014
決まった場所に収まるだけのものを持つ ………………………………… 015
常識にとらわれず、自分にしっくりくる収納を心がけて ……………… 016
日常使いにも、備蓄用にもなるアイテムで一石二鳥 ………………… 018
買物はライフスタイルに合わせて計画的に ……………………………… 021
美容＆メイクは最低限のケアで楽しむ …………………………………… 022
本当に気に入った服だけで過ごす幸せ …………………………………… 023
1ヶ月約16万円生活でもストレスフリー ………………………………… 026
本当に大切な人とだけつながっていれば、心は満たされる …………… 028
日々の予定もミニマルにしたら、気持ちに余裕ができた ……………… 029
ゆくゆくは、冷蔵庫を手放すのが理想 …………………………………… 030
いらないものを手放すとは、自分を尊重するということ ……………… 032

## minimalist 02　megumi

### 繊細な性質の自分をいたわる、「セルフオーダーメイド」の心地良い暮らし


30歳を目前に貯金0。一念発起してものを手放す……035
たくさんものを手放したら、頭も体もすっきり……039
ミニマリストになり、手放した以上のものを得られた……041
「街丸ごと自分の部屋」と思えば、ものはそんなに必要ない……044
服は本当に好きなものが少数あれば十分……046
HSP気質な私のための、セルフオーダーメイドな暮らし方……048
会社員を手放してみた……052
お金と時間の余裕は、工夫次第でつくり出せる……055
持ち物は減ったのに、満足度は大幅に上がった……058

## minimalist 03　あい

### 持ち物もパートナーシップも、大切でないものに惑わされず、必要なものだけに目を向ける


汚部屋出身の私が、2週間でミニマリストに……061
ミニマリストになって生まれたたくさんの変化……063
快適に暮らすための2つのルール……068
「ものが増えない工夫」が光る部屋づくり……070
「消費」「投資」「浪費」で分ける家計管理……073
お金を貯めるための日々のルーティン……074
「買いたい気持ち」を抑えるための小さなコツ……075
服を手放す基準は「好き」が語れるかどうか……076
少ない服でも十分おしゃれは楽しめる……078
大好きなものを選べば、一軍服だけに囲まれた毎日に……080
未来の自分に投資する、私の美容事情……081
時間は工夫して生み出すもの……082
捨てるものと捨てないものの基準……083
本当に大切な人とだけつながっていればいい……084
ミニマリスト夫婦が伝えたい、良い関係を築く秘訣……085

# もくじ

## minimalist 04 Odeko

### 捨てない家族がいるなら、はんぶんミニマリストとして自分だけの聖域をつくる


少しずつ、小さな「できた」を積み重ねていった「捨て活」…… 087
「捨てられない気持ち」との向き合い方 …… 090
「めちゃくちゃお気に入り」はどれですか？ …… 092
暮らしのテーマに合わせたもの選びを …… 094
ものを捨てない家族がいるなら「はんぶんミニマリスト」になる …… 098
「推し活」は、自分軸で向き合うからこそ楽しいもの …… 101
心地良い家をつくるのは、日々のコツコツルーティン …… 103
できないことがあって当たり前 …… 104
ものを捨てたら、私自身も整っていった …… 108

## minimalist 05 ゆく

### ゆったりとものを手放しつくりあげた、レトロ可愛いミニマルルーム


和室の良さを活かし、柔らかな雰囲気のお部屋に …… 113
ものを減らして実現した、リラックスできる空間 …… 114
ものだけでなく、色遣いもミニマルに …… 116
「揃える」「隠す」収納で、目に心地良い部屋に …… 118
シンク下の収納ラックを手放したら、たちまち掃除が楽に …… 120
一つで何役もこなすアイテムで叶う、ミニマルなキッチンづくり …… 121
半信半疑で始めた「シンプルな暮らし」が、意外にも楽しかった …… 123
一気に変えようとせず、自分のペースでコツコツ手放す …… 125
「あった方がいい」は思い込みの可能性も …… 126
ものを手放したら、本当に大切なものや人が明確になった …… 128
無理に手放さず、「好き」が溢れるお部屋をつくる …… 131
まずは実験してみる。そんな小さな一歩からでOK …… 132
ストレスを感じる時間を短くして、自分に無理をさせない …… 135
ミニマルに暮らすことは、徹底的に自分を大切にすること …… 136

## minimalist 06　小菅彩子

# ものを手放すうち、「足りないものは何もない」ことに気づいた


ものを手放したら、自分の「幸せ」が見えてきた …… 139
過去の服を手放せば、今の自分に集中できる …… 142
大切なものは、捨てなくていい …… 144
ものが減れば、自然と家事も減っていく …… 146
家事がぐっと楽になる、お利口アイテムと収納のコツ …… 148
「これしなきゃ」に捉われず、子どもと一緒に成長する …… 150
子どもたちの声とともにつくるキッズルーム …… 151
学習机は置かず、リビングで勉強 …… 152
ベッドを手放したら生まれた、「何もない部屋」 …… 154
「服はあるのに着る服がない」から抜け出すことができた …… 156
私たちに足りないものなんて、本当は何もない …… 159

## minimalist 07　よしかわりな

# 自分の「好き」を積み重ね、幸せになれるものだけを身の回りに置く


「これで十分暮らしていける」と気づけたことが大きな分岐点に …… 165
ものを減らしていくうち、物欲はおさまっていく …… 167
ものを捨てることの大変さが、私の意識を変えてくれた …… 168
「暮らしの割合」と基本のワードローブをリンクさせる …… 170
毎回の買物は真剣勝負。だから少ない服でも満足できる …… 172
服が好きだからこそ、枚数を減らして楽しむ …… 173
プチプラ服を真剣に選ぶことの大切さ …… 174
暮らしの快適さを考え続けたら、ミニマリストになれました …… 176
気持ちの余裕が収納に表れる …… 178
今以上の自分を目指さなければ、ものは増えない …… 180
無理して生活から必要なものまでカットしない …… 181
幸せになるものを厳選し、自分の「好き」を積み重ねていく …… 182
なんでも買っていたら、貯金はできない …… 184
物欲は可愛がるぐらいのスタンスで …… 185
ミニマルな暮らしで身についた、貯金しやすい思考 …… 186
ものが減ったことよりも、気持ちのゆとりができたことが嬉しい …… 188

# ものを手放したことで、「自分を慈しむ暮らし」を叶えることができた

minimalist 01

## MIHO

data

年齢：40代

家族構成：一人暮らし

@ miho_style_

シンプルな生き方こそが自分の生き方と気づき、本当に好きなものと大切な人に囲まれて過ごすように。見栄は捨て、自分にとって心地よい暮らしを送ることに注力している。ライフスタイルをメインに、日常の気づきなども発信中。

### 間取り：ワンルーム

一番大きな家具は無印良品の脚付きマットレス。ソファ代わりにしてくつろぐこともできます。

陽当たり良好。ブラインドを使用しています。陽の入り方で明るさを調整できるので便利です。

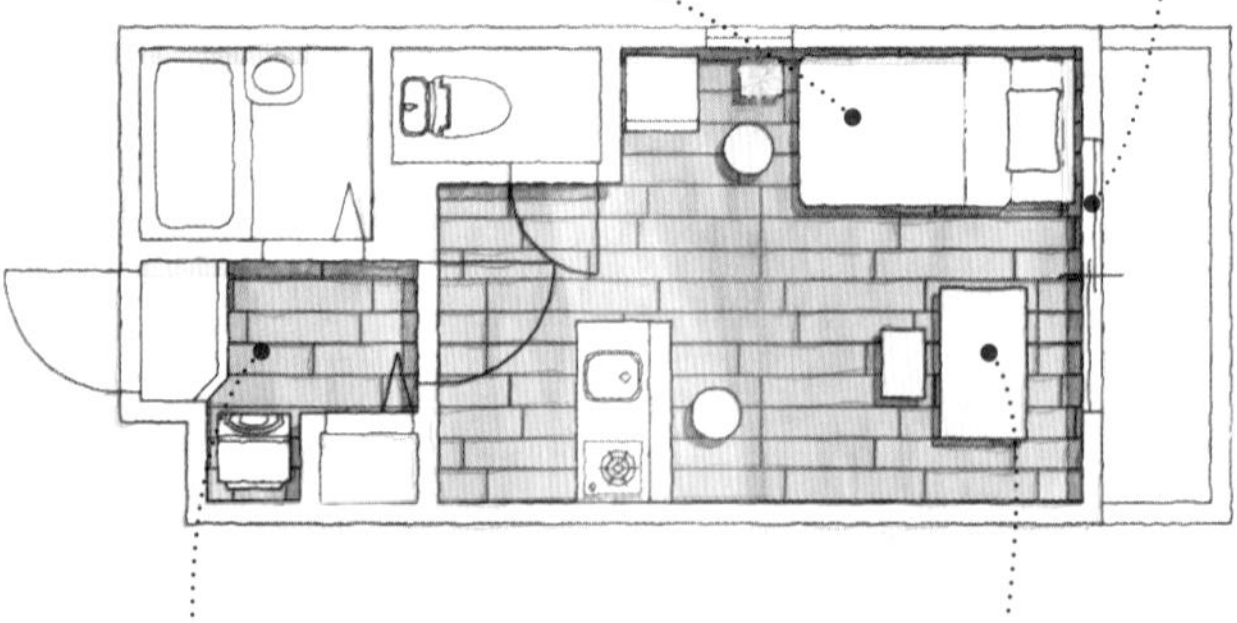

水回りが玄関先に集約されているのが便利。トイレだけ部屋の方にあるのが、ちょっと変わっています。

小さなテーブルを置いています。キッチンにカウンターテーブルがあり、気分によって使い分け。

## 何者かになりたくて、ずっと足し算で生きていた私

以前の私はずっと何者かになりたくて、足し算をしながら生きていました。休日の予定はパンパン、「もっと素敵に思われたい」とあれこれ買い足す日々。気づけば部屋にも時間にもゆとりがなくなり、家はもので溢れていました。

そんな中、2015年のある日、佐々木典士さんの『ぼくたちに、もうモノは必要ない。』（ワニブックス）という本に出会います。この本によって、**「ものを減らすからこそ見えてくる幸せ」**があることに気づいた私は、次第にミニマリストに興味を持つようになりました。

現在住んでいる部屋。8畳のワンルームですが、快適に暮らすことができています。

# 本当に必要なものだけが置かれた空間で、自分を慈しむ

ものを増やすのではなく、削ぎ落とすことの大切さについて書かれた『ぼくたちに、もうモノは必要ない。』。この本との出会いによって、「ものをたくさん買うほど幸せになれる」と信じていた私の価値観は大きく変わりました。

そこから少しずつ身の回りのものを減らすようになり、2019年に東京から現住所の福岡へと引っ越す際、本格的にミニマリストとしての生活をスタートさせようと決意します。

新居を選ぶ際の条件として、真っ先に思い浮かんだのが「クローゼットが小さい物件」。一般的には、クローゼットは大きければ大きいほど良いと思われるかもしれません。けれど、ミニマリストを目指しつつあった私は、あえて収納が少ない部屋を選ぶことで、そのきっかけをつくりたかったのです。

収納の小さな物件をいくつか見て回った結果、現在の家への入居を決めたのは、素敵なカウンターキッチンがあったから。小さいながらも便利でおしゃれな雰囲気が決め手となって、この部屋を選びました。

右／一番のお気に入りポイント、カウンターキッチン。小さくても機能的で、おしゃれな雰囲気が気に入っています。
左／朝食はお弁当の残りものとお味噌汁が基本。納豆や青汁を添えることも。ご飯は３食分、十六穀米を入れて炊いています。

そして、自分にとって本当に大切なもの、必要なものだけがある空間で暮らす今、自分を大切にし、慈しむことができていると心から感じます。

以前は予定が詰まっていないと落ち着かず、仕事もプライベートも、隙間時間がほとんどないような状態でした。けれど、ものを手放すにつれ、空間だけでなく、時間にも余白ができていくように。今はお気に入りの部屋でゆったりと過ごす時間が楽しくて仕方がないので、残業などは最低限に抑えるようにしています。

ずっと「自分ではない誰か」になろうと必死だった私は、ものを減らすプロセスの中で、自分とじっくり向き合い、私は私でいいのだと思えるようになりました。

以前よりずっと余裕ができたプライベートな時間では、大切な人との時間も、一人の時間も楽しんでいます。ジムに行って汗をかいたり、栄養バランスを考えて自炊をしたり（疲れた時は無理せず、お惣菜などにも頼ります）と、心も体も喜ぶ暮らしを送れています。

# ものを手放す中で、他人軸で生きていた自分に気がついた

かつては浪費家の傾向があった私。自分自身のベースとなるものがほしくて、とにかくたくさんの資格取得や習いごとなどに挑戦していました。外見もきちんとしなくては！と、どこか追い詰められるような思いから、当時は服も頻繁に購入。部屋の中は、習いごと関連のグッズや服で溢れ返っていました。ものが散乱する部屋では落ち着けるはずもなく、いつも「何かが違うな」と思いながら、家具を買っては取り替える……という繰り返しでした。

『ぼくたちに、もうモノは必要ない。』を読んだのは、ちょうど仕事で出張が多かった時期。少ないもので本当に過ごせるのか、出張の際、あえて荷物を減らして実験してみたことも。その結果、ずっと必要だと思っていたものが、意外と使う機会がなかったり、使うものは大体いつも決まっていたりすることに気づけて、そこから自分の持ち物を見直し、少しずつ手放していったのです。

ものは「捨てる」「譲る」「売る」の3つに分類して手放していきました。明らかに不要だなと思えるものは捨て、家電や家具、新しい服など、捨てるにはもったいない……と思うものは、友人に譲ったり、ジモティで0円で出品したりしました。最初はものを手放すことに苦戦しましたが、

慣れてくると取捨選択のスピードも速くなり、迷うことなく処分できるようになりました。

個人的におすすめしたいのが、写真のデータ化です。劣化してしまう前に専門の業者さんに依頼すれば、段ボールいっぱいの写真やアルバムをＣＤ-Ｒにひとまとめにしてもらえ、元の写真類の処分もお願いできてとても便利です。

さまざまなものを手放していく作業は、自分自身ととことん向き合う作業でもありました。その過程の中で私は、ずっと自分が他人軸で生きてきたことに気がつきました。「人からよく思われたい」という他者評価を軸に過ごしていたからこそ、ずっと自信がなく、その自信のなさが、お金をたくさん使い、時間を埋めるというライフスタイルに反映されていたのです。

**他人にどう見られるかを気にするよりも、自分の気持ちに素直に生き、自分を大事にすることの方がずっと大切。**ものを手放すにつれ、そう思えるようになってきた私は、そのままの自分を受け入れられるようになりました。忙しすぎる東京の生活を手放し、かつて住んでいた福岡に戻ることを決意したのも、自分の心の声を優先したからです。

こうして自分軸で生きられるようになるまで、たくさんのお金を使ってしまいましたが、それも良い勉強代だったのだと今では思っています。

## 「これも自分」という思いが、闘病中も私を支えてくれた

かつては「もっと、もっと」とあらゆることをプラスしようと懸命だった私は、ものを減らしていくにつれ、少しずつ自己受容ができるようになっていきました。「何かを必死に足さなくても、自分は自分のままでいい」という考え方に徐々にシフトチェンジしていったのです。

実は、この考えに至った直後にがんが発覚し、退職を余儀なくされました。生活に不安はありましたが、すでにミニマルな生活をしていたおかげで、無職でもストレスのない生活ができ、治療期間を穏やかに過ごすことができました。

病気をすんなりと受け入れ、治療に専念することができたのは、「病気も自分の一部」という考え方ができていたから。自分を丸ごと受け止める気持ちが育めていたので、「これも自分」と受け入れて、治療期間中も落ち着いて過ごせました。

今は無事、社会復帰し、大好きなお部屋でくつろいだり、ジムで汗を流したりすることが本当に楽しい！という毎日。今持っているものに感謝しながら、穏やかに日々を過ごしています。

# 決まった場所に収まるだけのものを持つ

私の収納術の基本は、収める場所を決め、そこに収まるだけのものを持つようにすること。そうすると持てる量の上限が決まり、持つべきものの量を測る目安ができます。

もともと「クローゼットが狭い物件」ということで今の部屋を選んだので、狭いクローゼットと、その隣の洗濯機の上の棚だけが、我が家の収納のすべて。それぞれの場所に収納するものを決めています。

クローゼットの奥にはスーツケースを入れていて、このスーツケースを収納に利用しているのも、ポイントの一つ。専用の収納ケースを使うよりも出し入れがしやすく、中のものも、開ければ一目でわかるのでおすすめです！

我が家のクローゼットは幅54cm、奥行き55cmほどです。ここと隣の洗濯機の上の棚が、収納スペースのすべて。

## 常識にとらわれず、自分にしっくりくる収納を心がけて

自慢のスーツケースに収納しているのは、オフシーズンの衣類。布製の袋に小分けにして入れ、通気性を良くしています。スーツケースは時々広げ、中の空気を入れ替えています。こういったことが手軽にできるのも、スーツケース収納ならではです。オンシーズンの服はクローゼットに吊るして収納。下着やハンカチ、靴下などはハンガータイプの収納袋を利用して、すべて吊るす形で収めています。**吊るす収納は、風も通せる上、すぐに手に取ることもでき、いいことずくめです。**

洗濯機の上の棚は、段ごとに入れるものを決めて収納。バッグなどの小物、工具や予備の電球などをしまうほか、洗剤類をストックしたり、コスメを置いてドレッサー代わりにも使ったりしています。キッチン以外の収納がここしかないこともあって、あらゆるものを入れていますが、ボックスやトレーなどを利用すれば、見た目もすっきりと収納することができます。

バッグと洗剤と化粧品。なんとなく、別々の場所にしまうのが当たり前のように感じますよね。けれど、そういった**常識にとらわれず、柔軟に収納場所を決めることも、ミニマルな暮らしには欠かせないのかもしれません。**

一番上のボックス2つには、ティッシュや歯磨き粉など、消耗品のストックのほか、工具や予備の電球などを入れています。二段目にはバッグなどの小物のほか、日用品を収納。一番下はドレッサー代わりに使っていて、化粧品の他、髪を整えるためのグッズが収められています。

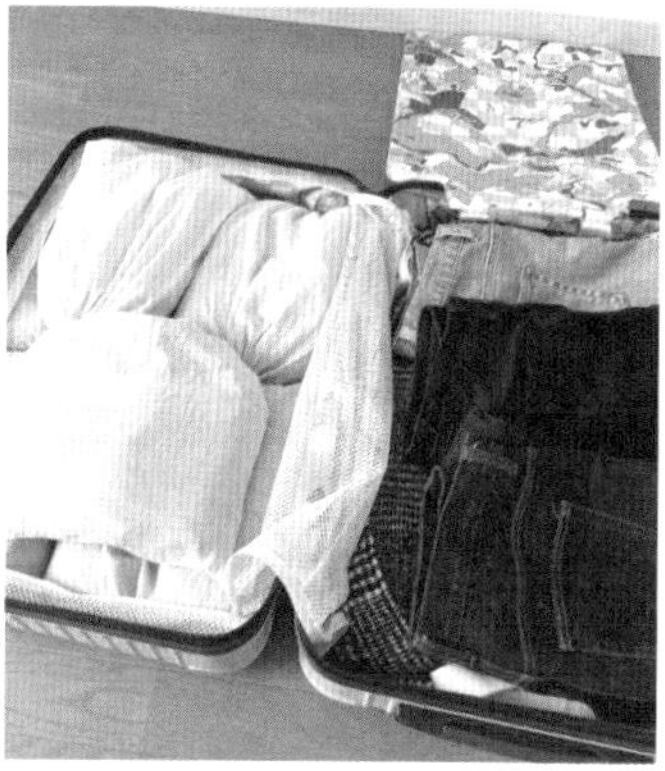

スーツケースは、国内外、いろいろな場所を一緒に旅した相棒です。最近は出番が少なめで、クローゼットの中で収納グッズ代わりに活躍中。写真に写っているのが、ジムで使うトレーニングウェアも含め、今持っている服のすべてです。

作り付けの収納棚にすべてが収まるようにしています。吊り下げクリップやS字フックを利用して、できるだけ浮かせて収納するようにしているのがポイント。

英会話や心理学など、資格試験のテキストや書類、趣味のものはクローゼットの上段に収納しています。

# 日常使いにも、備蓄用にもなるアイテムで一石二鳥

一口コンロのカウンターキッチンは、この部屋を選ぶ決め手にもなったお気に入りの場所。キッチングッズや食器はすべてシンク下の収納に収まっているので、狭いながらもすっきりとおしゃれな雰囲気を保てています。

調理用具や食器は、よく使うものを中心に残し、代用できそうなものは代用するようにしながら、数を減らしていきました。ただし、単純に少なければ良いというわけでもなく、いざという時の防災備蓄も考えて、お水や缶詰などのストックはしています。日常的に飲んでいるプロテインも保存が効くので、「備蓄用の栄養補助食品」としての役割も兼ねて保管しています。

小さなシンクと一口コンロですが、ものが少ない暮らしなので、これで十分。

調理器具、食器のほか、防災備蓄用の水や食料品もすべて、シンクの下のスペースに収まっています。

乾物やレトルト食品などは備蓄食品を兼ねられるので、積極的に利用しています。

「これは日常使いのもの」「これは備蓄グッズ」と分類せず、同時に満たすようにすれば、いざという時に備えながら、ミニマルな暮らしも叶うようになります。

IKEAで買ったシリコン製のふたとガラスカップがお気に入り。ふたはシリコンなので収納に便利。カップは余った食材の保存容器としても活躍してくれます。

お米はふるさと納税を活用して手に入れています。

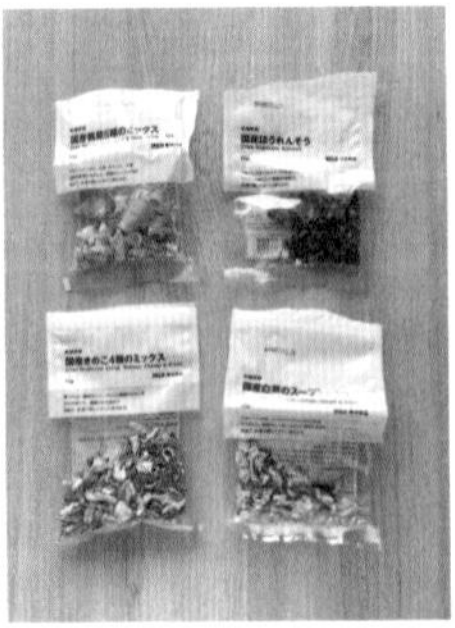

乾物、缶詰、レトルト食品、プロテイン、サプリメントなど、常温で保存できる食材を、日々の食用兼、いざという時の備蓄グッズとして活用しています。

# 買物はライフスタイルに合わせて計画的に

長年一人暮らしをする中で、冷蔵庫に入っているものは、いつもほぼ同じ顔ぶれであることに気づきました。そのため、一時的に変わった調味料などに興味を持って購入したとしても、結局レパートリーは決まっているので、使いこなせないまま……ということも。

そういった経験を踏まえ、今では、変わり種の調味料などは買わないようにし、「定番で使っているもの」と「マルチに応用が効くもの」に厳選するようにしています。

また、服など日用品以外のものを購入する場合は、**必ず買うものを決めてから出かけるようにしています。**「どんなものがあるかな?」と無計画なまま買物に行ってしまうと、家に帰ってから似たようなものがあったことに気付いたり、結局、合わなくて使わなかったり、ということにもなりかねません。

自分のライフスタイルに合っていて、その時の自分に本当に必要なものだけを買うためにも、買物は計画的にしたいなと思っています。

# 美容&メイクは最低限のケアで楽しむ

美容は、楽しみながらも時短とシンプルケアを意識しています。ヘアはショートスタイルを楽しんでいます。髪を乾かす時間も短く、セットにも時間がかからないのでとても楽です。

メイクは、普段は日焼け止めとアイブロウのみ。お出かけの時だけ、ファンデーションやアイシャドウを使用しています。化粧品はいろいろと試した末、今の愛用品にたどり着き、現在はほぼリピート買いになっています。

また、10年前に医療脱毛を終えたので、ほぼお手入れをする必要がありません。お金はかかりましたが、毎日ストレスフリーに暮らせているので、良い自己投資になったと感じています。

ヘアケア用品やその他のお手入れグッズはこれで全部。ボックスとポーチに収まる量なので、収納も楽です。

LUSHの洗顔、化粧水、クリームは香りが良く、リフレッシュできます。

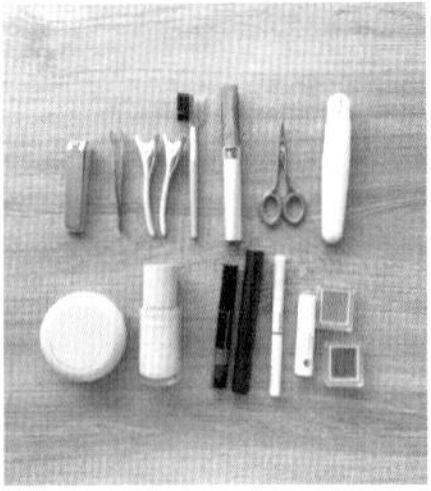
愛用しているメイクアイテム。Innisfreeのファンデーションと下地など、私なりに選び抜いた品々です。

# 本当に気に入った服だけで過ごす幸せ

服は、先のページでも紹介したように、クローゼットとスーツケースに収まるぶんしか持っていません。靴とバッグを合わせても、その数は20程度。数を絞って所有しています。

最近、ショート丈のダウンとフレアワンピースを購入しました。ダウンは1年くらい悩んだ末に購入。ワンピースも、自分のライフスタイルや現在のワードローブを踏まえて色や素材を決め、いろいろと探して検討した結果の購入です。

一つひとつの買物を丁寧に行うと、じっくりと選ぶ過程も楽しめますし、しっかり悩んで購入したものへの愛着はひとしお。**数は少なくても、愛着たっぷりのワードローブに囲まれた生活は、本当に楽しいものです。**

THE NORTH FACEのショート丈のダウン。昨年くらいから悩んだ末に、再入荷を待ってSALE価格で購入。コンパクトに収納できます。丈が短いので、パンツにもワンピースにも合わせやすい！

IENAのウォッシャブルフレアワンピース。「家で洗えて、毛羽立たない素材」の黒いワンピースを探していたところ、このワンピースに出会いました。

## 私のワードローブを一部紹介

5　THE NORTH FACE の
ショート丈のダウン

前のページで紹介したもの。冬はトーンの暗い色が多いので、明るめのベージュをチョイス。パンツ、スカート、ワンピースと、何にでも合わせられ、手持ちの大きめのコートのインナーダウンとしても活躍。

6,10,18　FLyNN ショルダーバッグ

バケツ型とゴールドの丸い鋲がポイント。愛らしいフォルムがお気に入りです。5年前に購入しましたが、今も活躍してくれています。

7　SLOBE IENA の
ウォッシャブルフレアワンピース

形のきれいなワンピース。1枚でもいいし、アウターと合わせてもいい。アウターに合わせてバッグを替えれば、いろいろな雰囲気を楽しめます。

1　THE NORTH FACE のブルゾン

パンツスタイルからスカートスタイルまで活用可能。黒なので、コーディネートも万能。また、着ない場合は付属の巾着があるので、それに入れてコンパクトに保管できます。

2,16　STATE OF ESCAPE の
ミニショルダー

コンパクト感と上品な色みがツボ。紐の長さを調節すれば、ウエストポーチになります。身軽に出かけたい気分の時に活躍してくれます。

3,9　UNIQLO のセーター＆
カーディガン（2枚）

毎年チェックしているアイテム。家で簡単にお手入れできる点が◎。

4,11　GU の デニム（2本）

春にはじめて購入しましたが、価格の割にとても履きやすくて重宝しています。　色褪せてきたら、また同じものを買い直す予定。

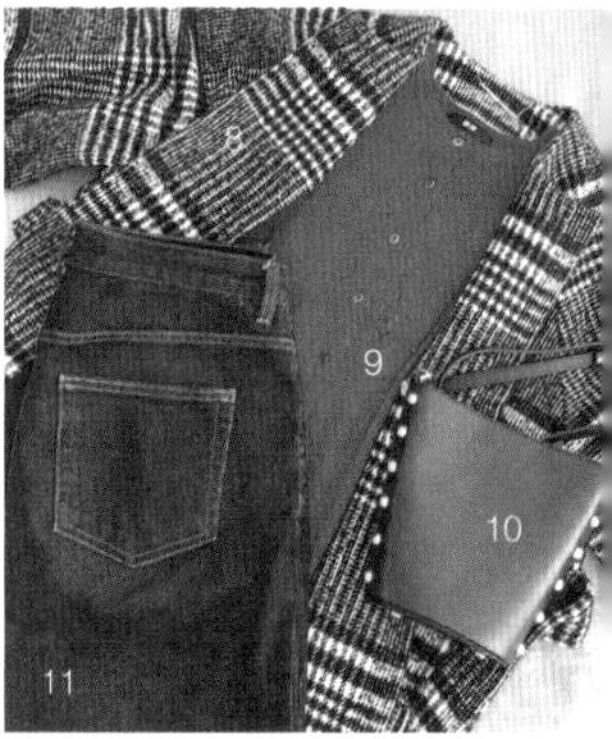


13 Odette e Odeile
パイソン柄フラットシューズ
形と柄が好きで購入し、現在2代目。無地の服が多いので、足元に柄物を持ってきて華やかなアクセントにします。

14 NIKE エアリフト　白
夏や涼しい時期限定になりますが、履きやすく足が疲れないので気に入っています。スカートやパンツに合わせると一気に涼しげな雰囲気に。

15 ANYA HINDMARCH バッグ
大好きでお気に入りのブランド。可愛くて、見ているだけでも気持ちが上がる、私の癒しでもあります。少し大きな物や書類関係を持って出掛ける際に活躍。

17 Herve Chapelier トートバッグ
主に通勤バッグとして使用。お弁当や、飲み物、貴重品などを入れても余裕があります。

8 Mila Owen の コート
柄と形が気に入って購入。主にパンツスタイルで着用することが多いですが、背の低い私でも着やすいのでとても気に入っています。

12 converse 白スニーカー
同じものを買い替えたので2代目です。使い勝手が良く、様々なコーディネートに合わせやすいので重宝しています。

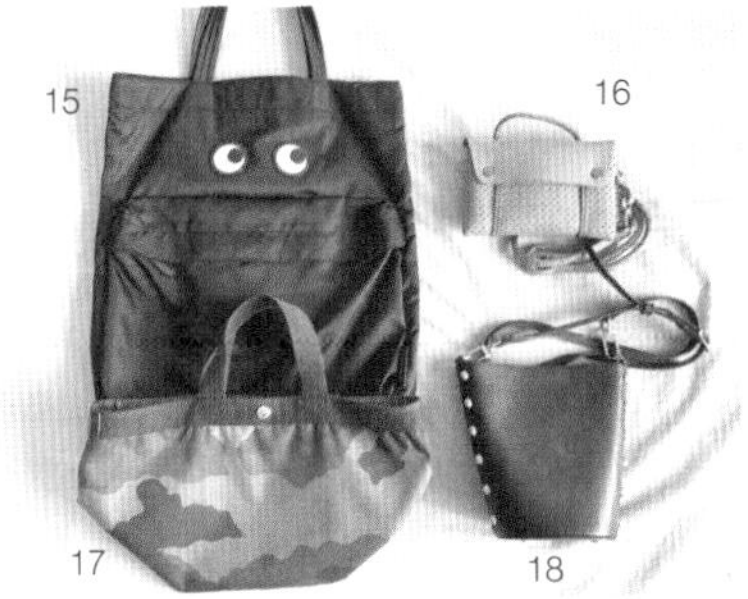

## 1ヶ月約16万円生活でもストレスフリー

今の生活の1ヶ月の支出は16万円ほど。固定費以外の衣服・美容費などは、あまりきっちりと予算を決めると、逆に後で足りなくなることになりかねないので、大まかに予算を決めるようにしています。

収入の範囲内で余裕を持って、なおかつストレスなく生活を送れているのは、暮らしをミニマルにしたから。**必要なもの・ことだけに厳選してお金を使えば、自然と消費は減っていきます。**

食費は1日の予算を1、000円と決め、10日に1回、1万円をプリペイド式のカードにチャージして使う方式。予算残高が把握しやすいので、おすすめです。食費の予算には友人との会食費も含まれているので、日々の食事は自炊するなど、抑えられるところは抑えるようにしています。

支出で欠かせないのは医療保険。がんの病歴があり、新しい保険には入れないので、20代の時に加入していた保険を継続しています。病気になった時、保険に加入していて本当に助かったので、こちらはずっと継続していく予定です。

## 私がお金を使うところ

### 1. 健康に関すること

病院などの医療費はもちろんですが、健康を維持するためのジム代やサプリメント、プロテイン購入などもケチケチしないようにしています。病気が再発しないように、健康維持には注力しています。

### 2. 大事な人たちのためのお金

大切な人たちと時間を共有するのは本当に幸せなこと。家族や大事な友人たちには、お金と時間は惜しまず使います。相手のお祝いごとの時は、相手が受け取っても困らないものを送ったり、実際に会ったりするなどして一緒に楽しみます。

### 3. 気分転換のカフェ代

通院前の緊張をほぐしたい時、気分転換したい時、考えをまとめたい時などは、カフェに行きます。自宅だと作業が捗らなくても、カフェだとサクサク進むことがあるので、私にとっては大切なルーティンです。

### 4. 自分の気持ちが高まるアイテム

使っていて気持ちが安らいだり、テンションが上がったりするものは購入します。ANYA HINDMARCH のお財布とバッグなどは、とってもお気に入りで、持っているだけで頬が緩むアイテム。こういった自分にとっての幸せアイテムを大事に愛用します。

お金に関わる大切なものは、ジップタイプのケースにまとめて保管。お気に入りの財布とカードのみ持ち歩きます。

# 本当に大切な人とだけつながっていれば、心は満たされる

ものを手放し、ミニマルに暮らすようになってから、不要な人間関係も手放しました。

これまでの人生で、たくさんの人と知り合い、いろいろな方と付き合ってきました。もともと私は予定が詰まっていないと不安を感じる性質だったこともあって、人と会う機会も多かったと思います。けれど、**そんなにたくさんのものが必要でないのと同様に、そんなに多くのつながりも必要なかったと気がついたのです**。今でも付き合いのある方も多いですが、実際に会う方は少なくなっています。さらに、意外と自分が一人好きだったことも発見しました。

時間を割いて会いに来てくれる家族や友人、仲間との関係は今でも大切にしています。その反面、自分にとってストレスやもやもやが生じるような人間関係からは、距離を置くようになりました。

福岡の観光スポット、糸島に出かけた時の思い出の一枚。ありのままを受け入れてくれる友人は、本当に大切な存在です。

# 日々の予定もミニマルにしたら、気持ちに余裕ができた

東京で仕事をしていた時は、「予定が入っていない＝仕事がない」ということだったので、予定が少しでも空きそうになると、仕事を取りに行ったり、仕事を取るための種まきをしたり……と、いつも忙しくしていました。また、隙間時間が発生したら、「自分を高めよう」とセミナーや習いごとに励んでいたこともあって、常に時間に追われ、リラックスする時間がまったくなかったように思います。

今は、休日は通院したり、ネイルサロンやヘアサロンに通ったり、あとは体調に合わせてジムに通ったりという、ゆるいスケジュールで過ごしています。予定に余白が生まれ、日常生活がゆったりとしたものになると、自然と気持ちにも余裕ができ、心地よく過ごせるようになりました。

また、昔は分厚いリングタイプの手帳にあれこれと書き込んでいましたが、今は手帳を所有することそのものが億劫に感じるようになり、手放しました。代わりにスケジュールは、Googleのカレンダーやスマホのメモアプリなどを使って、モバイルで管理しています。

# ゆくゆくは、冷蔵庫を手放すのが理想

本格的にミニマリスト生活を始めてから3年が経ちますが、「手放せるものはまだまだある」という思考で日々、暮らしています。つい最近も、結局使っていなかった食器やタンブラー類、加湿器ライト、日傘、ウォーキングシューズ、コーヒードリッパーなどを処分しました。

基本的に、**一年以上使わなかったもの、存在自体を忘れてしまっていたものは手放す**ようにしています。そのほか、使っていて違和感があったり、気に入らないかも……と思ったりしたものは、一旦距離を置いて、本当に必要かどうかを再確認。結果、必要ないと判断したら、迷わず手放すようにしています。

そして、今、手放すことを検討しているのが冷蔵庫。ワンルームではかなり大きな場所を取る家電です。以前に比べ、時間的な余裕があるので自炊はするのですが、凝ったものを作る余裕はなく、お惣菜などに頼ることも。そんな事情もあって、「生鮮食品を買わなくてもいいのでは？」という考えに至り、今は常温保存が可能な食品や乾燥野菜などをメインにした食事に切り替え、実験をしている最中です。ただ、大好きな納豆や豆腐、味噌は常備しておきたいので、冷蔵庫なしとはいか

右上／一人暮らしサイズで、特に大きいものではないのですが、ワンルームでは、冷蔵庫はかなりの存在感。

右下／現在の冷蔵庫の中身。冷凍室は全く使っておらず、冷蔵室にも余裕があります。手放してしまうか、サイズを小さくするか、迷っている最中です。

左上／地元の親友からもらったキャンドルホルダー。絶対に手放さないと決めているものの一つ。

左下／観葉植物も、元気をくれる大切なもの。

ないまでも、ミニサイズにするということを視野に入れています。

逆に、絶対に手放さないと決めているものもいくつかあります。その筆頭が、親友からもらったキャンドルホルダー。蓮の花の形をしているこのアイテムは、キャンドルを灯した時の光のもれ方が綺麗な、私の宝物。そのほか観葉植物など、リラックスタイムを充実させてくれるものは、手放す予定はありません。

なんでもかんでも処分するわけではなく、自分の時間を充実させてくれるものを選び抜いて、大切にする。ミニマリストって、そういうことなのではないかなと思っています。

# いらないものを手放すとは、自分を尊重するということ

ミニマリストというと、真っ先に思い浮かぶのは「少ないもので暮らす」というイメージだと思います。確かに、不要なものをなくし、数は少なくても自分の好きなものだけに囲まれる生活はとても快適です。

でも、それ以上に私がミニマリストになってよかったと思うことは、**「考え方がシンプルになった」**ということ。昔は何に対しても「こうせねばならない」という考え方をしてしまうところがあり、知らず知らずのうちに、自分自身を縛っていました。

持て余していたものたちを捨てた今は、自由に、心の声だけに従って行動している状態。そのため大幅にストレスが減り、日々の生活がとても楽しく、心地よいものになりました。

また、病気になって自分と向き合わざるを得なくなった結果、「今の自分が嫌なことはしない！」という、生きるうえでの大前提が生まれました。

**いらないもの・ことを手放すということは、自分を尊重するということ。**そんなふうにして、常に自分を慈しみ、大切にするようになったら、日常生活を本当に心穏やかに過ごせるようになりま

した。内からも外からも心地よい刺激だけ受けとり、幸せな毎日を過ごしています。

SNSを通じて、他のミニマリストさんたちとの関わりが増えたのも、嬉しい変化のひとつ。考え方が似ている方々なので、共感しつつ成長もさせていただけて、いつも感謝と喜びを感じています。

このシンプルな生活が本当に心地良いので、これからも大好きな人たちと一緒に、ミニマルライフを楽しんでいく予定です。

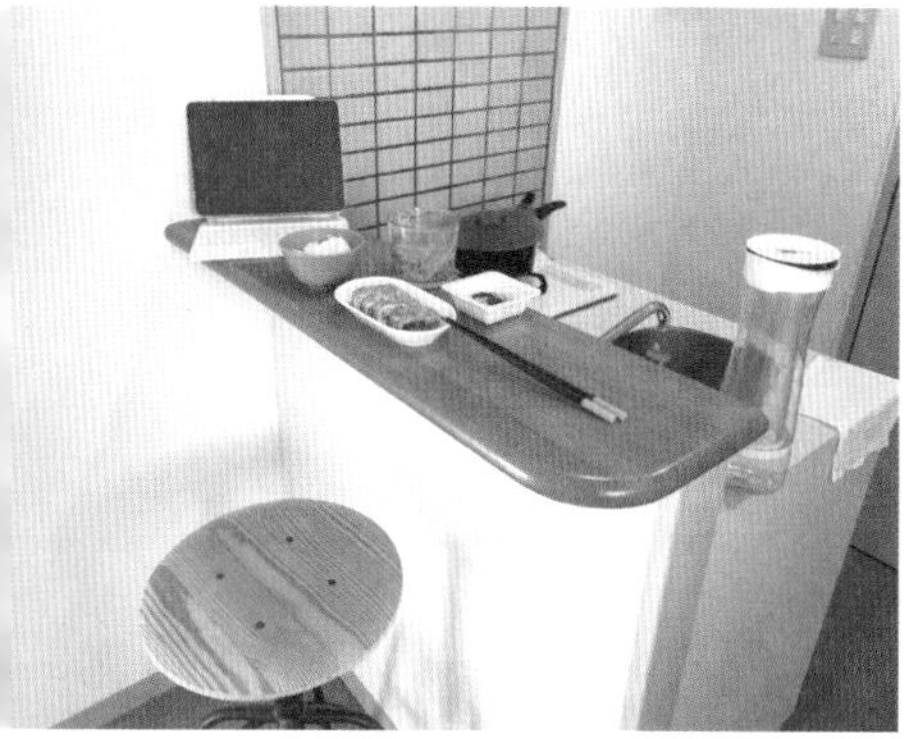

# 繊細な性質の自分をいたわる、「セルフオーダーメイド」の心地良い暮らし

minimalist 02

megumi

data

年齢：30代　　家族構成：一人暮らし

@ megumi_minimalist

ブログ「ミニマリストの頑張らない生き方」
https://megoodlifelog.com

大卒後、医療従事者として病院で勤務。その後同じ職業を目指す養成校の教員になり、現在はフリーの講師を務める。FP資格を所有し、お金の管理が得意。HSP気質の自分と上手に付き合いながら日々楽しく暮らす。

間取り：ワンルーム

ユニットバスで少し狭いのですが、近所の銭湯やサウナに行くことも多いので気になりません。

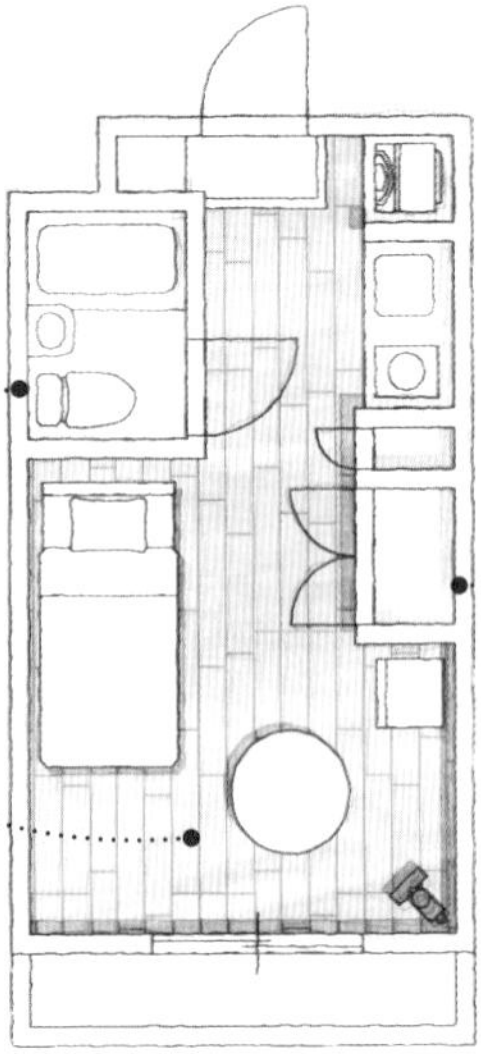

6畳ワンルームですが、都心へのアクセスが良く、駅近で、身軽に動き回るにはもってこいです。

収納スペースは約1畳のクローゼット。たっぷり入るので、持ち物はほぼすべて収納できます。

家具はシングルベッドと折り畳みテーブルのみ。大きい家具、家電は持たない工夫をしています。

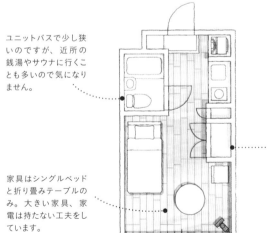

# 30歳を目前に貯金0。一念発起してものを手放す

私がミニマリストを目指したのは6年前です。

29歳で離婚した後、慣れない一人暮らしと仕事の忙しさに、気が休まらない日々が続いていました。そのストレスを発散するため、休みのたびに買物へ。ファストファッションを大量に買い込んでは、毎日違う服を着て自己満足に浸っていました。

次第に1LDKの部屋は、大量の服、靴、鞄、趣味のもの、インテリアグッズなどで溢れ、いつしか収拾がつかなくなっていました。ものだらけの部屋では安らぐことができず、その鬱憤を晴らすために、毎日のように仕事終わりに友人と飲みに行く日々でした。人生最高体重をマークしたり、突発性難聴を発症したりと(飲酒が直接的な原因ではないかもしれませんが……)、部屋も思考も、体調もめちゃくちゃな状態でした。

突発性難聴となり、自宅で療養している時に、私は自分を見つめ返してみました。

もうすぐ30歳。貯金も0円、部屋も汚ない、買い集めた服たちは管理が行き届かずしわしわ、体重も人生MAX…… ようやく「このままじゃやばい」という思いになり、一念発起して片付け

を始めてみようと思ったのです。

まずは大量にあったファストファッションに着手。全部出してみると、ほとんど着ていないものばかりでした。大切にしていなかったので皺だらけなうえ、サイズが合わないものも多数ありました。そもそも、当時、私は病院のリハビリ室で制服勤務をしていたので、そんなにたくさんの服は必要なかったのです。過剰に買物していたことを改めて反省しつつ、服、次いで靴や鞄など、小物類も処分していきました。勢いがついた後は、書類や写真をデータ化して処分したり、不要な文具、本、日用品、化粧品などもどんどん手放していきました。

ものを手放していく中で、不用品をフリマアプリに出品し、あまりの価値の低さにショックを受けたという経験をきっかけに、本格的にお金の管理も始めました。買いたいものがあった時は、「もしこれがいらなくなって売ったら、リセールバリュー（再販価値）があるの？」という視点を持つようにすることで、衝動買いがなくなり、お金が貯まるようになりました。

また、キャリアスマホを格安ＳＩＭにする、過剰なサブスクやスポーツジム、年会費のかかるクレジットカード、必要以上の保険の解約を行うなど、固定費も徹底的に見直しました。

こうして**ものや不要な習慣を減らし、お金と丁寧に向き合うようになっていくと、０円だった貯**

金額はみるみる増えていき、達成感を覚えました。何をやっても中途半端だった自分にとって、初めての成功体験だった気がします。

ものが減って身軽になり、心と時間とお金に余裕が出てくるようになった私。不思議なことに、自分自身がそんなふうに変わっていくにつれ、昇進や異動など、素敵な話やチャンスが舞い込んで

断捨離を決意した当時の部屋（1LDK）の様子。クローゼットから溢れた服、本などが散乱し、スーツケースにもものが詰まっています。

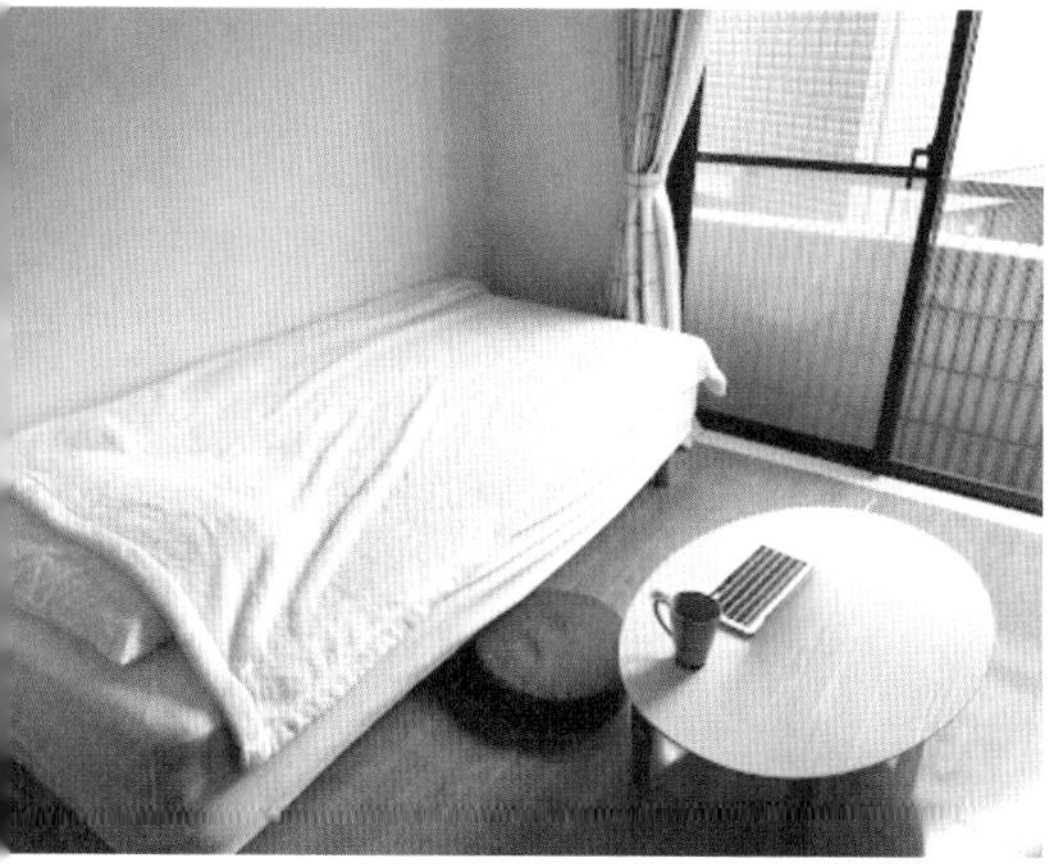

今住んでいる部屋。6畳の狭い部屋ですが、最低限のものしかないので狭くは感じません。一見、何もないように見えますが、落ち着いて過ごせる最高のお部屋です。

**くるようになりました。**

そこから私は、昇進するたびにあえて、より都心の、より小さな部屋へと越すことで、スキルアップとミニマルライフの同時実現を目指すようになりました。

その後は、養成校教員の仕事を楽しみながら、副業などにも挑戦。お金への意識がさらに高くなり、ファイナンシャルプランナー2、3級の取得や、投資などにも挑戦しました。

また、「自己投資」も意識するようになり、体調管理や睡眠時間の確保など、自分の健康へも投資を開始。かつてお酒に頼っていた時とは、別人のような生活になりました。突発性難聴も再発せず、生理痛やPMSが軽減、生理周期も正常化してきて、「**自分の暮らし方で、自分の体調も調整できるんだ**」と実感しました。

その後、「**お金や時間、仕事も自分でコントロールしよう**」という気持ちが芽生えた私は、会社員という立場を捨て、フリーランスになりました。現在は、養成校や予備校の講師、他業種の広報など、好きなことをしながら、会社員時代の倍の収入を得ています。

ものをどんどん手放したことで、さらに小さな部屋に引越し、今は自分史上最高にミニマルに暮らしています。

# たくさんものを手放したら、頭も体もすっきり

生活を立て直そうと思った時、私はまず、物理的な「もの」から断捨離を始めました。かたちあるものを捨てて部屋にスペースができてくるにつれ、マインドにも変化が生じてきたように思います。そしていつしか、凝り固まっていた価値観や、自分にとってよくなかったルーティンを手放せるようになるとともに、「きちんとお金を貯めたい」という思いから、貯金を阻害する習慣も断ち切れるようになりました。

ここで、私が意図的に手放したもの、あるいは結果的に手放せたものの一覧をご紹介します。

**●物理的な「もの」**

服、靴、鞄／書類、写真／日用品／家具（ダイニン

余分なものがないのですっきり。掃除も簡単です。

グテーブルやソファ）／家電（テレビ、ＨＤＤレコーダー、フットマッサージ器、扇風機、不要な充電器、アイロン）／過剰なインテリアグッズ

**●価値観や習慣など、目に見えない「もの」**

見栄／毎月、美容室でヘアカラーをする習慣／「毎日違う服を着るべき」神話／日常的な飲酒習慣／生理痛、ＰＭＳ、不健康な習慣／体重（49キロ↓43キロに痩せた）

**●お金に関する「もの」**

使っていない銀行口座／使っていないクレジットカード／大手キャリアのスマホ／サブスク、スポーツジムなど毎月お金が勝手に出ていくもの／高い家賃の家／過剰に手厚い保険／ポイントカード／長財布／現金主義／税金（節税した）／雇われるという立場

こんなふうにたくさんのものを手放した今では、部屋も思考も、そして身体もすっきりしています。フリマアプリに出品しても予想外に安い金額で衝撃を受けたり、勢いで買ってしまった大型家具の処分に困ったり……そういった経験を通して、「**買うのは易し、捨てるのは難し**」ということを思い知らされました。ものを増やすことに伴う管理の必要性に敏感になり、衝動買いはなくなりました。

## ミニマリストになり、手放した以上のものを得られた

これまで、たくさんのものを手放してきました。一見、「ものを減らす」ことは、「資産を減らす」ことのように思えますよね。けれど私は、ミニマリストになることで、処分したもの以上のものを、**たくさん得ることができたと感じています。**

まず、時間の余裕ができました。以前はものが多く、掃除するにも、ものを一日避けて掃除機をかけたりと、多くの手間と時間がかかっていました。また、リーズナブルな服ばかりを買っていたので、皺ができやすく、そのお手入れやアイロンかけの手間もかかっていました。

私はもともと、まめなタイプではありません。ですから、ものを減らす作業を進めると同時に、日常的な家事の負担が少しでも軽減されるよう、床にものを置かない、インテリアは最小限にする、服はお手入れの簡単なものを買う、といったことも徹底するようになりました。それによって、暮らしはどんどん楽に、シンプルになっていきました。

また、**暮らしに余裕が生まれたことで、自分の心を豊かにするための時間を長くとれるようになりました。**家族、親友、恋人など、大切な人と過ごす時間が増え、読書をする習慣も身につきまし

た。様々な本を読むようになり、見識や考え方も広げることができたのは、大きな収穫です。

そして一番大きな変化があったのは、お金への考え方です。

マキシマリスト時代の私は、手頃なものを衝動買いすることでストレスを発散していました。けれど、**不要なものをたくさん買い込んでも、気持ちが満たされることはありませんでした。**ミニマルな暮らしへとシフトする中で、「安物買いの銭失い」だった過去を反省し、お金とは、自分の実になる付き合い方をしようと決めたのです。

そこで無駄遣いをやめるとともに、生活防衛資金を確保したところで投資を開始。お金がお金を増やす仕組みを学び、**6年間で1000万円の資産を築くことができました。**投資にはリスクもありますが、リスクを取らない方がリスクなのではないかな、と私は感じています。

投資に踏み出したことで、「自己投資」という意識も生まれ、心身やお金、生活、時間にさらなる余裕を生み出すきっかけになりました。

また、食への考え方も変わりました。以前は、3食しっかり食べ、せっせと健康食品やサプリメントを摂取するなど、足し算ばかりの食生活でしたが、ミニマリストになってから、日々の食事でも引き算を意識。たくさん食べるのを辞めて腹八分目を心がけるようになりました。健康にも引き算が大事だなと実感しています。

マキシマリスト時代の私は、常に余裕がなく、チャンスをモノにしようにも、軽やかに動くことができなかったと思います。

**生活にもクローゼットにも、そして心にも、余白があるからこそ、素敵なものが舞い込んでくる**のだと感じています。

時間の余裕ができ、読書時間が生まれました。本は基本的に紙で読む派。自分の手元には残さず、買って読んだらメルカリへ出品、また読みたくなったらメルカリで買う、の繰り返しです。メルカリが「バーチャル本棚」という認識でいます。

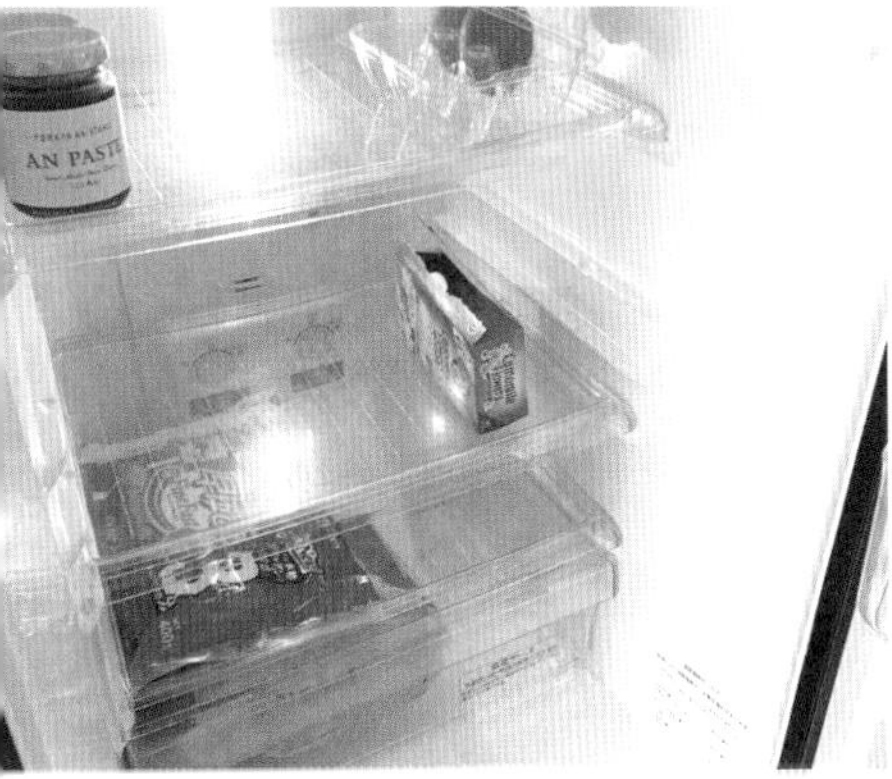


冷蔵庫はいつもこんなふうに余白たっぷり。都心住まいで、コンビニやスーパーも近くにあるため、買い込まないようにしています。その日食べる分だけを置くようにしています。

## 「街丸ごと自分の部屋」と思えば、ものはそんなに必要ない

現在の部屋は1R6畳と小さめ。築30年と設備も古いですが、都心部で駅から徒歩1分。セキュリティも良く、とても気に入っています。

コンビニやスーパー、レストランが近くにあるので冷蔵庫が空っぽでもOK、銭湯やサウナも近所なので、お風呂掃除が面倒な時や気分転換したい時はそこに行きます。また、フリーランスなので、おしゃれなカフェが私のオフィスです。

私は「街丸ごと私の部屋」だと思っています。**自分ですべてを所有しようとするのではなく、足りないものは街で調達すればいい、**と考えているのです。インテリアなどにはこだわりがなく、必要な暮らしを心地よく送れれば良いと思っています。都心のおしゃれな街に住んでいるので、私の部屋がおしゃれである必要はないのです（笑）。

また、私は賃貸物件派です。引越ごとに荷物が減らせる快感や、新しい街で暮らすわくわく感は、私にとって大切にしたい感情なので、今後も家を買うつもりはありません。

身軽に引っ越すためにも、日々荷物は増やさないようにし、大きな家具類はできるだけ持たない

ようにしています。前回の引越は、平日フリープランなどの条件も揃い、1・8万円という金額で済みました。荷造り、荷解きも2時間ほどで終了しました。

近所には、おしゃれで落ち着く、お気に入りのカフェが何店かあります。フリーランスの私はその日の気分でオフィス（カフェ）を転々としています。だから、美味しいコーヒーを入れる道具を持たなくても良いのです。

前回の引越では段ボールは使用せず、布団ケース、衣装ケースのみで行いました。荷造り、荷解きも簡単でした。1K 10畳→1R 6畳になり、さらに断捨離が進みました。

築30年なのでキッチン設備も古め。近所のカフェや飲食店を利用するのでキッチンの性能はあまり気にせず、そのほかのポイントを重視して物件を選びました。キッチングッズや食器も最低限のもののみです。

# 服は本当に好きなものが少数あれば十分

部屋に溢れていた大量の服は処分し、今では全部で10着程度。自分が本当に良いと思えるものだけを厳選しています。

講師の仕事の日は、洋服の青山のレディースラインのホワイトのスーツを愛用しています。それ以外のフリーの日はTHE SHINZONEのデニム、フレディー&グロスターのスカートのボトムを中心に、ユニクロのトップスを合わせています。**ワードローブはほとんど制服化しているので、組み合わせに悩むことなく着用できます。**大切にしているのは清潔感。皺などには細心の注意を払います。

靴はパンプス1足、スニーカー3足、サンダル1足の計5足。オールシーズン、日常生活も旅行もこの5足があれば十分です。

ジャケットや小物類はアウトドアアイテムを日常使いしています。THE NORTH FACE、モンベル、アークテリクスなどを愛用。とりわけ好きなのが、安価で頑丈・高機能なモンベル。ミニマリスト生活の味方だなと感じます。シャツや小物、インナーダウン、軽量折り畳み傘などを愛用しています。

　メイク用品は化粧水、クリーム、日焼け止めなど最低限のもののみ。以前は肌荒れがひどく、いろいろ買い込んでいましたが、生活が整うと肌も荒れなくなり、シンプルなケアで済むようになりました。つくづく、食事、睡眠が大切だなと感じています。

上／化粧品たちは最低限のもののみ。アラサーなので、保湿はしっかりしています。株主優待で買えるドラッグストアのアイテムが多め。
中／服はベーシックなデザインがお気に入り。皺になりづらい、管理が楽、が選ぶ基準。アウトドアアイテムも日常使いします。
下／モンベルのお気に入りのアイテム。速乾で肌触り最高のシャツと、スマホより軽い傘、そして、コンパクトで暖かく、肩周りも動かしやすいインナーダウン。

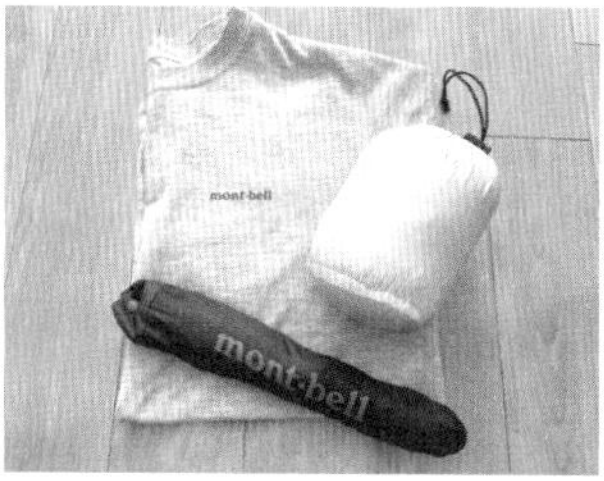


衣類はすべてクローゼット内に収まっています。余白もあるので出し入れも簡単。靴箱が玄関にない物件なので、靴もここに収納しています。

# ＨＳＰ気質な私のための、セルフオーダーメイドな暮らし方

遅ればせながら最近、自分がＨＳＰ※（Highly Sensitive Person）気質であることに気づきました。ＨＳＰにも様々なタイプがあるようで、私は外交的で刺激を求めつつも、様々なことに細かく気がつき、疲れを感じやすいタイプのよう。他人の表情の変化、声色などにも敏感な方だと思います。会社に勤めていた頃は、電話やコピー機の音、強い匂いなどが苦手で、そういったものから可能な限り離れたり、別室に移動して作業したりと工夫していました。

細かなところを気遣える面は、仕事の上では強みとなったのか、会社員時代、平均よりずっと早く昇進させていただいたりもしました。けれどその一方で、知らず知らずのうちに疲れを感じ、ストレスを溜めていたのもまた事実です。それでいて自分の疲労には鈍感だったので、ある日、突発性難聴を発症してしまいました。

**ミニマリスト生活にシフトしたことで、自分の心身とじっくり向き合う余裕が生まれ、自分の特性を理解しながら健康管理ができるようになった**と思います。

例えば、電車の通過音などの大きな音が苦手なので、ノイズキャンセリング機能付きイヤホン

※ HSP＝非常に感受性が強く、敏感な気質を持った人

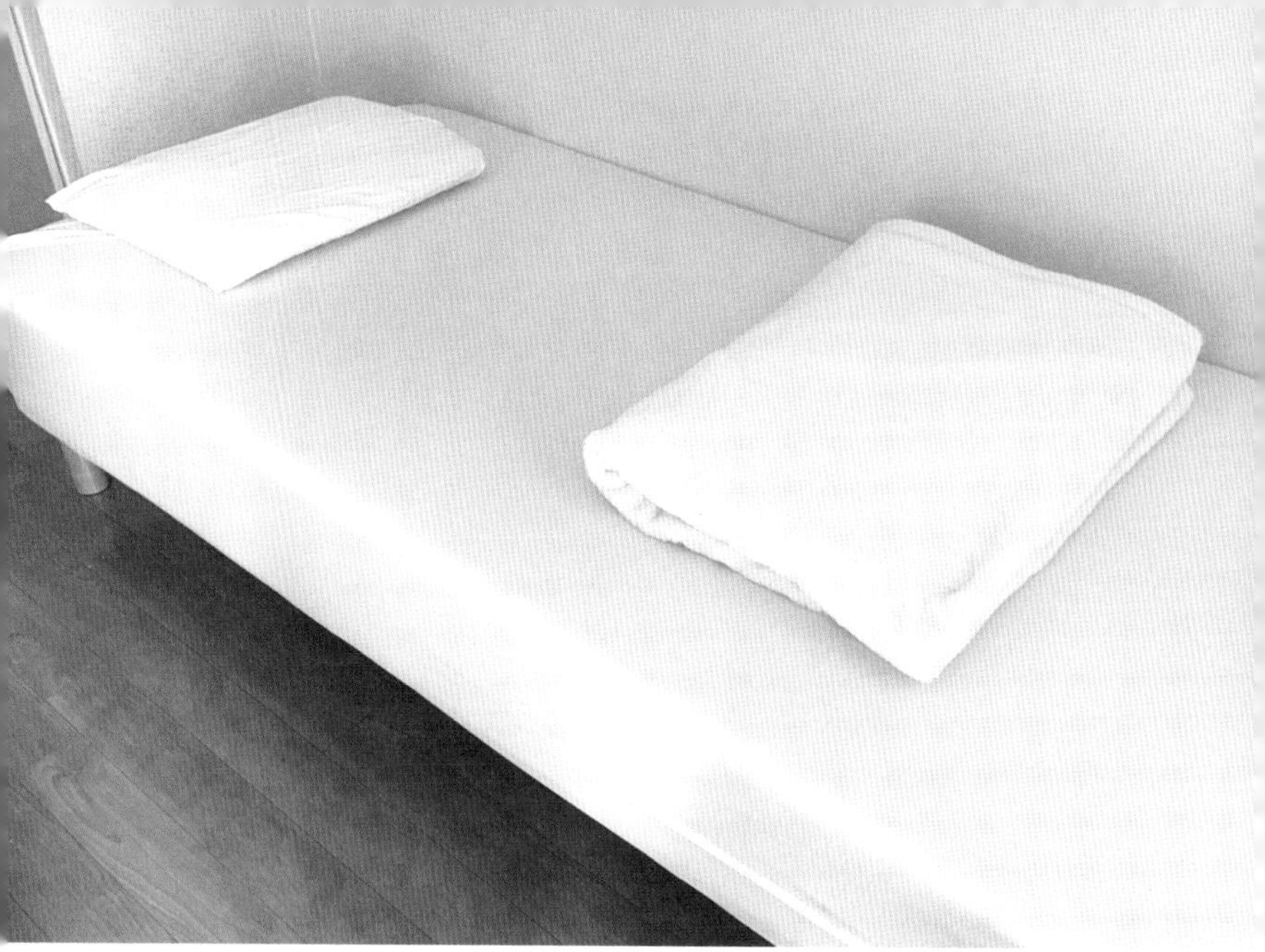

寝具には並々ならぬこだわりを持っています。マットレスはエアウィーヴ、肌に触れるものはコットン。毛布は複数のブランドの中から、一番心地良い手触りのものを選びました。

（AirPods Pro）をしています。また、視覚的な刺激にも疲労を感じてしまうので、部屋は極限までシンプルにし、白中心に。仕事中も、その時着手しているものだけを視野に入れるようにするなど工夫しています。

疲れやすいので寝ることは大好き（というより、必須！）なので、肌触りの良いコットンのシーツや枕カバー、毛布など、安眠のためのアイテムにはお金を惜しみません。就寝中、スマホは「おやすみモード」にし、緊急の通知以外は鳴らないようにしたりして良質な睡眠を確保します。

基本的に睡眠を削って何かをするという概念は私にはなく、8時間以上は必ず寝るようにしています。朝活がどんなに効果的だと言われていても、私の性質には合わないので取り入れません。**大切なのは、世間に流されることではなく、自分にとって本当に必要なものを見極めること**だと思っています。

身に付けるものも慎重に選んでいます。肌触りの悪いものや、タートルネックなど、首や肩周りの動きが阻害されるものなどは苦手。「おしゃれなコーディネート」とはかけ離れてしまいますが、アウトドアアイテムやコットン素材のものなどを選んでいます。私にとってはこういったスタイルが一番心地よく、疲労感が少ないのです。

休日も一人で過ごす時間を大切にしています。友人とわいわい食事に行くのももちろん好きなのですが、一人でのんびり外食する時間も大好き。**「好きなことをして自分を甘やかす時間」をしっかり持つ**ようにしています。

現在交際中の彼は、私のあまのじゃくな性格を理解し、休日もゆっくりさせてくれたり、疲れ具合を見ながらデートのプランを立てたりと、良い距離感で付き合ってくれて、とても感謝しています。

また、私は「疲れやすいけれど、刺激は必要」という、ちょっと複雑なタイプ。ですから、休日右／旅行は私のエネルギーの源です。写真は北海道で流氷の上を歩いた時のもの。こんなふうに新しいことに挑戦すると、わくわくが止まりません。まだまだ挑戦したいことがたくさん！
下／とにかく大きい音が苦手なので、ずっと AirPods Pro をつけてノイズキャンセリングしています。

には自分のコンディションと相談しながら、日常と異なる体験を積極的にするようにしています。行ったことのないお店に行ってみたり、旅行をしたり。そんな「新しい体験」を大切にしています。彼や親友の都合が合えば一緒に行きますが、そうでなければ一人でも行きます。新たな体験をすることで、新鮮なアイデアや活力が生まれます。

様々なケアが必要な性質ではありますが、そんな自分の特性を理解し、上手に管理することで、日々を楽しく過ごすことができています。こんなふうに生きられるようになったのは、**ミニマリストになり、「今ある自分」を認められるようになった**からこそだと思うのです。

# 会社員を手放してみた

私は大学卒業後、病院のリハビリ室の職員、次いで、リハビリ関連の資格取得をサポートする養成校の教員、また、いくつかの副業を経て、フリーランスになりました。現在は、複数の養成校の講師、予備校の講師、リハビリ施設の非常勤スタッフ、友人の会社の広報を務めています。

会社員という安定した立場を手放す時には迷いましたが、それまでに物理的なものをたくさん手放してきた経験が活きました。**「これ、いるかな?」と迷ったものは結局、手放しても後悔することが一度もなかった**のです。その経験が自信となり、思い切って退職に踏み切ることができました。

現在、収入の変動は大きいですが、通勤の手間や時間拘束、会社のしがらみなどがない生活は本当にストレスフリーで、毎日とても軽やか。日々気分転換しながら、自分らしく働けています。リハビリの国家資格を取得したこともあり、最低限の収入は確保できるようになり、変動はあるものの、収入も正社員時代の倍以上になりました。

会社をやめるという思い切った挑戦は、身軽なミニマリストになったからこそできたもの。フットワークが軽くなると同時に、固定費や支出を抑え、生活防衛資金を貯められたことで、不安定な

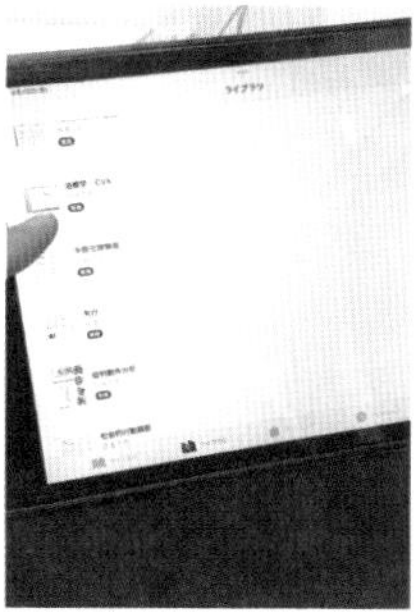

講師の仕事は資料やテキストが多いので、PDF化してiPadのiBooksで管理。家には仕事関連の本は1冊もありません。

講師の仕事は基本的にスーツ着用。ノーカラーのスーツは首周りがすっきりして肩こり知らずな上、女性らしい印象になります。襟も手放してしまいました（笑）。

Apple製品を愛用。集中力が削がれてしまうので、デスクにはその時使わないものは出さないようにしています。ノイズをカットしてくれるAirPodsをつければ、カフェなどでも集中できる環境がつくれます。

収入でも問題ないと感じ、チャンスに飛び込めたのです。また、フリーランスになってからは、さらに「今あるもの」を大切にする思考が身につきました。

　フリーの身では、自分の生み出した成果に見合う分だけ収入がもらえます。ですから、Apple製品のように、性能が高く、時短効果のあるツールは高くても購入します。講師という立場上プレゼンテーションも多いので、機材にもこだわっています。

**●私の愛用ツール**

・MacBook Pro……動画編集などもサクサク進められるようになりました。

・iPad、Apple Pencil……モニターをつない

でプレゼン資料に。メモ書きもできるので便利です。
・Apple Watch……プレゼン資料のコマ送りも手元で簡単に行えます。
・AirPods Pro……ノイズキャンセリング機能で仕事に集中できます。
・Magickeyboard、Magicmouse、ＰＣスタンド……肩こり予防のために購入。集中できる時間が長くなりました。
・iPhone……1年ごとに機種変更しています。サクサクと動くので、時間が無駄になりません。
Apple製品は値が張りますが、抜群に効率が上がるので、ここは投資しています（Appleの製品はリセールバリューも良いので、あまり負担額は変わらないかなと個人的には感じます）。


また、フリーの場合は、会社員より補償が薄いのがリスクだと思います。

私は国の補償制度を学んだり、活用できる制度を調べたりすることで対策をとっています。勤務先で社会保険に加入させてもらい、保険料を労使折半とさせてもらったり、健康診断などの福利厚生も、ありがたく利用させてもらったりしています。

**「自分で学び、調べることで、自分の生活を守る」**という意識を持つようにしています。

# お金と時間の余裕は、工夫次第でつくり出せる

マキシマリスト時代はお金を雑に使っていた私。ミニマリストを目指した当時、貯金は0円でした。毎月の安定した収入はあったものの、「30歳を目前にしてこの状況はだめだ!」と焦った記憶があります。

そこで、ものを減らすのと同時進行で貯金も決意。まずは、生活防衛資金（万が一働けなくなった際に生活を守るお金）を目標に貯めようと思いました。支出を把握するため、ひと月のうち、自分がいくらで生活しているかを算出しようとしたところ、使途不明金の多さ、無駄な固定費の多さに愕然としました。

そこで無駄遣いをやめるとともに、まずは、通信費、過剰な保険、スポーツジム、家賃など、あらゆる固定費にメスを入れました。ただ、心が貧しくなるので食費はあまり削りませんでした。

同時に、**管理の手間もミニマル**にしました。使用していない銀行口座やクレジットカードは解約し、ポイントカードも処分。財布は長財布からミニ財布、やがてはカードケースへと、だんだん小さくなっていきました。

現在はカードケースを財布として愛用。クレジットカード、マイナンバーカード（身分証明書にも保険証にもなる）、お守りとして１万円を入れています。

今は、銀行口座2つ（一つは生活費用、もう一つは貯金や投資資金用）、クレジットカード2枚（一枚は生活費全般の支払い用、もう一枚は積立ＮＩＳＡ用）でお金を管理。また、家計簿アプリ「マネーフォワード」で家計管理を行うなど、お金周りのもの・ことも、可能な限りミニマルにしています。

また、時間に余裕ができたことで、支出のミニマル化と並行して、「収入のマキシマム化」に挑戦。副業も始めてみました。そして初年度、予想以上に副業収入の税金がかかって驚いたことをきっかけに、節税の勉強も開始し、ＦＰ２、３級を取得しました。

ものを手放し続けていた私は、あらゆるものをミニマルにして、自分の生活を自分でコントロールできるようになっていました。ですから知らないうちに税金がたくさんかかってしまい、自分の資産が減ってしまうということに釈然としなかったのです。

**税金も自分できちんと調整できるようになりたい。**そんな思いで勉強を始め、個人事業主申請やふるさと納税などの制度を駆使すれば、税金も自分でコントロールできることを学びました。
さらに、もっとお金について知りたいという思いから、投資にも挑戦。まだ配当金だけで生活することはできませんが、投資を始めたことで着実に生活に余裕ができ、それが心の余裕にもつながっています。何かを購入する時は、値段ではなく、本当に自分にとって価値があるかどうかで選べるようになりました。

買物には株主優待券を活用。お陰で、化粧品、日用品などの支出はほぼなくなりました。その他、飲食店などの株も保有し、株主優待ライフを楽しんでいます。

## 持ち物は減ったのに、満足度は大幅に上がった

ミニマリスト歴は早くも6年。荒れていた部屋は片付き、0円だった貯金は増えました。こんがらがっていた思考はシンプルになり、人生の荷物が減って、新たな挑戦に、迷いなく飛び込めるようになりました。この過程の中で、お金を溜めたくて異常にケチになったり、マキシマリストな人に嫌悪感を持ったりと、「こじらせミニマリスト」になってしまった時期もありました。けれど、今ではいろいろな価値観を否定せず、受け入れられるようになりました。

お金についての知識を得られたのも、思い切ってフリーの道に進む決断ができたのも、**ものを手放し、暮らしを整えたことで、「自分の人生は自分でコントロールできるんだ」という自信が生まれたから。**自力で荒れた生活から脱することができたという経験が、私の挑戦を後押ししてくれました。

ミニマリストになる中で、HSP気質である自分の「トリセツ」も確立することができました。それは、たくさんのものを手放したからこそ自分が見えてきて、良いところにも、悪いところにも気が付けるようになったからこそできたこと。**「私の人生を守れるのは私」**という思いで、日々、

モンベル製品を味方にして軽々と旅行を楽しんでいます。何泊だったとしても、相棒はこのリュック一つだけ。ミニマリストになったことで、本当に身軽になりました。

自分の心と体の声に耳を傾け、必要なものだけを取り入れています。こんなふうに、自分らしく生活できる今のスタイルが、私にはとても心地良いのです。

日々ＳＮＳに投稿している、マキシマリスト時代の失敗や、今の生活に賛同してくれる方がいたり、仲間が増えたりと、楽しい毎日を更新し続けています。マキシマリスト時代から比べたら持っているものは１／１０００。けれど、日々の満足度は１０００倍です。

これからも私らしく、大好きな旅行や趣味を楽しみながら、人生を謳歌していきたいと思っています。

# 持ち物もパートナーシップも、大切でないものに惑わされず、必要なものだけに目を向ける

minimalist 03

あい

data

年齢：30代

家族構成：ミニマリストの夫と二人暮らし

@ikeai_minimalist

YouTube「ミニマリストいけあい」

パートナーとともにミニマルな暮らしを楽しむ会社員。福岡市に移住して7年。ミニマルライフスタイルと少ない服での着まわしをSNSで発信している。

## 間取り：1LDK

リビングのテーブルと椅子を畳み、引き戸を開け放しておくと、広々とした空間が使えて開放的。

既製の家具を買わない代わりにDIYで自分たちのライフスタイルに合った家具を作っています。

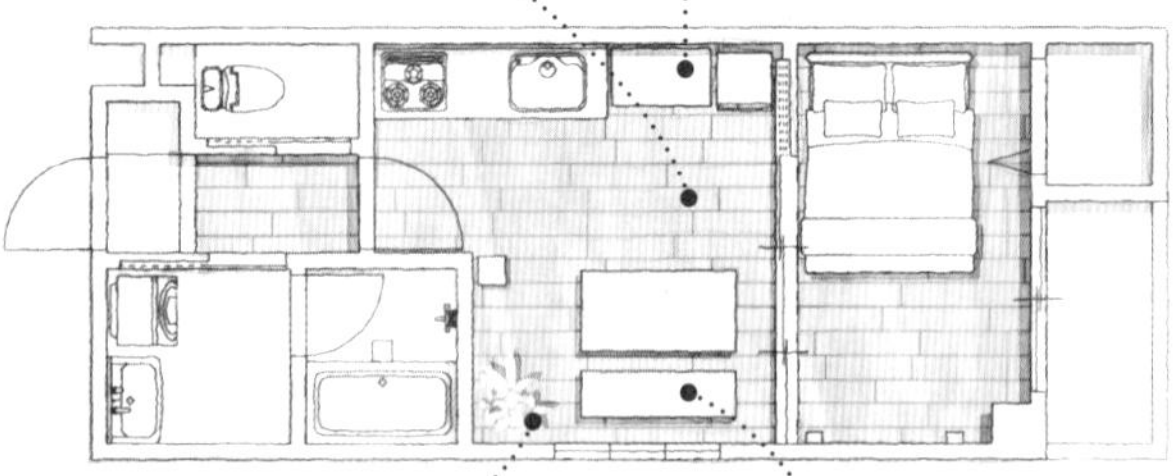

二人で話し合い、共用スペースには納得したものしか置かないようにしています。

常時置いておく家具は購入せず、折り畳みが可能なアウトドア家具を採用しています。

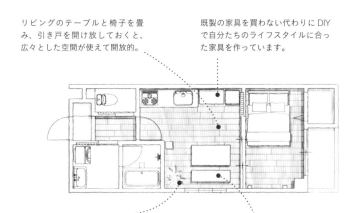

# 汚部屋出身の私が、2週間でミニマリストに

2016年、地元を離れて福岡市に移住し、家賃3万円の1Kの部屋で、今の夫との同棲生活をスタートさせました。

もともと買物が大好きで、ミニマリストとは対極にいた私。当時はアパレルで働いていたこともあり、最低でも週に一回は新しい服を買っていました。

際限なくものを買っているうち、いつしか部屋はたくさんの服や雑貨で溢れ、汚部屋を超えてゴミ屋敷寸前に。床にはいつもものが散乱して足の踏み場もない状態になり、仕方なく2段ハンガーラックに、服を積み上げるようにしてやり過ごしていました。

そんな部屋の中にいる時間を少しでも減らしたくて、休日は、やたらと街に出掛けてはショッピング。散らかった家で溜まったストレスを、新たな買物をすることで発散する。そしてまたものが増えていく……という悪循環でした。

そんな生活を送って2年目、私たちの身にある事故が起きます。服が山積みになったハンガーラックが、その重さに耐え切れず、夜中に突然崩壊したのです。二人とも就寝中でしたが、その大

きな音に飛び起きました。もしハンガーラックのそばで寝ていたら危うく押し潰されるところだった……と命の危険を感じた私たちは、広い部屋への引越を決意しました。

汚部屋脱出のための引越は本当に大変で、たくさんのお金・時間・体力を消耗しました。その時に出たゴミは、なんと150kg分。大型のハイエースまで借りてゴミ処理場を予約し、処分しました。

1LDKの新居に引越してからも、それなりにものが多い生活を送っていましたが、ある日、ミニマリストしぶさんの『手ぶらで生きる。』（サンクチュアリ出版）という本を読んだ夫が、その生き方に影響を受け、ものを減らし始めます。

部屋からどんどん夫の持ち物が減っていったことで自分の持ち物が浮き彫りになり、次第に私も「このままではいけないな」と思うようになりました。**彼に協力してもらいながら、100着以上持っていた服を15着まで減らし、3つあった衣装ケースもすべて手放しました。**

夫のものが部屋から徐々に減っていくに連れ、「私もミニマリストになりたい」と思う気持ちが強くなっていったことをよく覚えています。夫がミニマリストになったことをきっかけに、私も2週間で身のまわりのものを減らし、憧れのミニマルライフを実現させることができました。

大量のものを手放したら、お部屋も暮らしもすっきりシンプルに。
気持ちにゆとりが生まれ、心地良く過ごせるようになりました。

## ミニマリストになって生まれたたくさんの変化

汚部屋生活だった時とミニマリストになった今とを比べてみると、暮らし方、生き方は、こんなにも大きく変わりました。

**【ものが多かった時代】**

**①貯金ができない**

家賃3万円の格安物件に住んでいたにも関わらず、お金がまったく貯まりませんでした。理由は、衝動買いや値段の安さにフォーカスした買物ばかりしていて、毎月出ていく出費が多かったから。使いたい放題使っていたので、貯金が増えることはありませんでした。

**②部屋の居心地が悪い**

いつも手が届きやすい位置にものを置く習慣がついていたので、床にはものが散乱し、足の踏み場もない状態でした。ものが多すぎるせいで探し物も多く、過ごしにくい部屋になっていました。

**③ストレスが溜まりやすい**

散らかった部屋での生活は、イライラしたり情緒不安定になったりしやすく、心身ともに疲弊しきっていました。部屋の居心地が悪いので休日も家にいたくなくて、外出しては服を買って散財していました。

**④物欲が止まらない**

頭の中は常に欲しいものがある状態。安物買いの銭失いで、本当に欲しいものは手に入れることができず、いつまで経っても心が満たされることはありませんでした。

**⑤出費に無頓着**

出費に無頓着で、スマホの通信費は3大キャリア・都心部に住んでいるのに車を所有し、毎月3万円のローンと駐車場代を支払う・週3でコインランドリー通いをする(毎月7、500円)など、固定費に対する意識も低かったです。

モンステラには週１回の水やりと葉水をこまめに行っています。新芽が出ると嬉しいし、植物を見ているだけで癒されます。葉っぱがハート形なのも可愛くてお気に入り。部屋にものが少ないと、植物も映えます。

床にものを置かないように徹底しているので、食事と作業時間以外は、テーブルや椅子は片付けるようにしています。部屋が開放的に使えるので、床に寝転んでくつろいだり、ヨガマットを敷いて簡単なトレーニングをしたりも。

**⑥情報感度が低い**

いつも受け身で、情報収集は基本的にテレビから。自ら学びに行ったり、情報をキャッチしたりする姿勢がありませんでした。

**⑦疲れやすい**

たくさんのものたちに囲まれた暮らしは、「判断疲れ」しやすく、何をするにもやる気が起きませんでした。荷物も多かったので外出先で疲れてしまい、吸い込まれるようにカフェに立ち寄っては休憩していました。

**⑧「もったいない」精神が強い**

「いつか使うから」「もったいないから」と言い訳して片付けることから逃げ続けた結果、部屋はゴミ屋敷寸前の汚部屋になり、不衛生でストレスが多い生活に。

**【ミニマリストになった今】**

**①お金が貯まりやすい**

家計管理をしっかり行うようになったことで自然と無駄な買物が減り、2人で年間200万円以上の貯蓄ができるようになりました。

**②ストレスフリーになる**

夫と、「部屋が散らからない仕組み」を決めてルール化。毎日ストレスフリーで快適に暮らせるようになり、突然の来客にも対応できるようになりました。

**③家事効率がアップし、パートナーとの関係性も良好に**

時短家電を積極的に取り入れ、家事のムダを徹底的に排除。家事効率が上がり、二人分の家事も1人でこなせるようになりました。夫と家事分担で揉めることも減り、些細なことでケンカをすることも少なくなりました。

**④ものより体験に投資する**

ものから得られる満足感は、ほんの一瞬であることに気が付いてから、ものを買って消費するより、旅行・美容・健康・学習などの「体験」に投資するようになりました。

**⑥精神的な安心感を得られる**

「やるべきこと」より、「やらないこと」を決めたことで、暮らしがシンプルになり、生きやすくなりました。お金・時間・気持ちにゆとりが生まれて、将来に対しても必要以上に心配せず、気楽に構えられるようになりました。

**⑦おしゃれになる**

限られたアイテムの中からコーディネートを組み合わせることで、着こなしパターンを何通りも考えられるようになりました。服が少なくても、工夫次第でいくらでもおしゃれに見せることはできるんだな、と実感しています。

**⑧物件の選択肢が増える**

ものを置くためだけに、余分な部屋や収納場所を設けるということがなくなったので、家賃が高い物件を選ばなくて良くなりました。

## 快適に暮らすための2つのルール

365日、快適な部屋をキープさせたいなら、散らからない仕組みを作ることが大切だと感じています。ここで、私が実践している2つの習慣をご紹介します。

**①もののアドレスをしっかり決める**

私が徹底しているのは、床にものを置かないこと。鞄はDIYの鞄掛けに、アクセサリーは玄関の小物入れに、文房具は収納ボックスに……といった感じで、ものごとにアドレスを振り分け、使った後はその辺に置かず、必ず定位置に戻すようにしています。これを習慣化すると、部屋を片付けたり探し物をしたりする手間や時間が減ります。

**②「1イン1アウト」のルールを守る**

一つを取り入れたら、一つを手放すことでものが増えるのを防止しています。新しく服を買う時は、先に手放す服を決めてから買物をします。**クローゼットに服はたくさんあるのに着る服がないのは、「微妙な服」が多すぎるから。**溜め込んだままになっている服は思い切って手放します。1イン1アウトする時は、同じジャンルのものにするのがポイント。

毎朝、起きたらカーテンを開けて朝日を浴びます。体内時計がリセットされ、すっきり目覚められるようになりました。早起きした日は、近所を散歩をしたり、部屋でゆっくりコーヒーを飲んだりと、朝活を楽しんでいます。

キッチン横の収納棚もDIYしたもの。上段には電子レンジ・時計・アロマディフューザーを置いています。下段は調理時の食材置きとして活用。棚板にLEDランタンを付けているので、椅子を持ってくれば作業用スペースにもなります。

玄関スペースを、アクセサリーの収納場所に。身支度を整えたら玄関でアクセサリーを付けて出発します。帰宅後もそのまま外してトレーに収納するだけだからとても楽。位置が決まっていれば、アクセサリー紛失のリスクも減ります。

## 「ものが増えない工夫」が光る部屋づくり

夫と二人で住むこの家のこだわりポイントを、いくつかご紹介します。

一つ目は、ＤＩＹで作った鞄掛け。それぞれの鞄を、手作りした柱に掛けて収納しています。身支度した後はさっと鞄を手にして出掛けることができるので、とても便利です。もともとは大きな収納棚だったものですが、ミニマリストになり、たくさんのものを収納する必要がなくなったので、鞄掛けに変身させました。こんなふうに、自由にサイズやデザイン変更ができるところがＤＩＹの

下着・靴下・インナー・メイクアイテムなどの収納には、無印良品のグッズを活用。体積の大きい衣装ケースを手放せて、省スペースで収納できるようになりました（左／やわらかポリエチレンケース、右／吊るせる収納）。

毎日使う鞄は、使いやすいように掛けて収納。すぐに取り出せて、帰宅後も鞄掛けに戻すだけだから楽ちんです。このDIY鞄掛けを取り入れてからは、鞄を床に置きっぱなしにすることがなくなりました。

メリットです。

　二つ目は、広々とした床。床には極力ものを置きたくないので、障害物になるようなテレビ、収納家具、ラグなどは置いていません。テーブルや椅子もアウトドア用品を採用し、折り畳んで収納できるものを使っています。そして、そのまま寝転んでも大丈夫なように、床は常にピカピカに。広々とした綺麗な床は、この部屋一番の自慢です。

　また、我が家の収納は、「掛ける・吊るす・くっつける」などの空中収納を意識しています。

　空間を有効活用すれば、大きなケースやボックスを持たなくて済みます。


お風呂場の床にも、ものは置きません。ディスペンサーや湯桶などはマグネットで浮かせて収納。水切れが良いので、ぬめりやカビの予防にもなり衛生的です。浮かすことで使い勝手が良くなり、掃除も楽になりました。

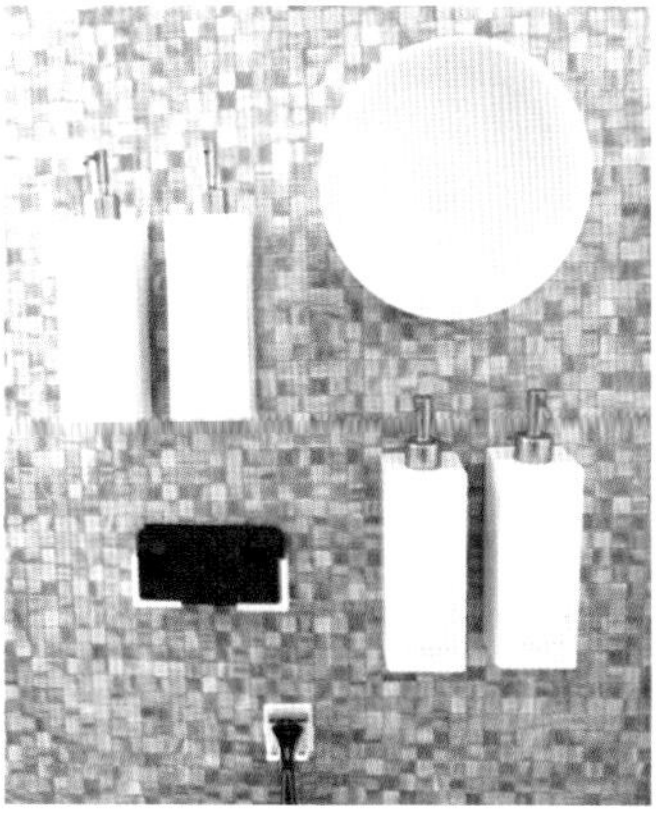

バスタオルからフェイスタオルにダウンサイジング。収納はtowerのマグネットホルダーに丸めて挟むだけ。脱衣所のデッドスペースを有効活用できて、見た目もすっきり。

ミニマルライフを続けるコツは、二人でルールを決めて散らからない仕組みを作ること。ルールを守れていない時は、お互い注意し合うようにしています。この仕組み化のおかげで、1LDKの部屋でも窮屈感なく、楽しく快適に暮らせています。

# 「消費」「投資」「浪費」で分ける家計管理

結婚していても、夫とお財布は別々にしています。その理由は、経済的に依存をしたくないから。生活費は二人で分担し、個人的な出費があれば、各自支払うようにしています。生活費の内訳は、

私：家賃3割・水道光熱費・Wi-Fi代・サブスク代

夫：家賃7割・食費・日用品代

です。

家計管理に使用しているのは、Googleスプレッドシート。サブスク制の家計簿アプリは解約しました。**購入したものを「消費」「投資」「浪費」にカテゴリ分けし、スプレッドシートに入力して記録しています。**

日々の買物では、不要な「浪費」をなるべく最小限に抑えるよう意識しています。以前はストレス解消のために散財していた私でしたが、今では大切にお金を使えるようになり、「浪費」は支出全体の10％以下に抑えられるようになりました。**ミニマリストになってから、お金との付き合い方もぐっと上手になったと実感しています。**

## お金を貯めるための日々のルーティン

私たちが、日々、お金を貯めるために心がけているルーティンをいくつかご紹介します。

**●家計簿は夫婦で共有する**

お互いの出費や貯蓄率を「見える化」したいので、スプレッドシートは共有で管理しています。

**●月間利用限度額を決める**

利用限度額を決めることで無駄遣いを防ぐことができます。

**●先取り貯金をする**

給料が入ったその日に、収入の20%を、手をつけない別口座に移動させています。この先取り貯金のおかげで、強制的に貯金ができるように。

**●つみたてNISAをする**

未来のために、毎月33、000円の投資をコツコツ続けています。

**●買い出しはネットスーパー**

買う物をリスト化することで、想定外のものまで買ってしまうことがなくなりました。

# 「買いたい気持ち」を抑えるための小さなコツ

「欲しいものリスト」を作って必要なものを可視化しておけば、急な衝動に駆られて買物してしまうことがなくなります。また、家計簿は見直すようにしています。それは振り返ることで、浪費してしまった金額を把握できるから。「今月は使いすぎたから、もう買わないでおこう」というように、買いたい衝動を抑えることができます。また、何かを欲しいと思った時は、既に持っているもので代用できないか、考えるクセをつけています。

そして、ストレス発散のための目的のない買物はしません。自分が本当に好きなことや体験にお金をかけるようにすれば、気持ちは満たされ、自然と浪費は抑えられていきます。

買物時の支払いは、キャッシュレス決済を積極的に利用し、現金は最低限しか持ち歩きません。
財布にお札や小銭が貯まってきたら、パスポートケース（無印良品のポリエステルパスポートケース・クリアポケット付）に入れて管理します。

## 服を手放す基準は「好き」が語れるかどうか

ミニマリストになりたての頃は、数の少なさばかりにこだわっていました。けれど服を減らし過ぎた結果、満足のいくおしゃれを十分に楽しむことができなくなり、生活がつまらなくなってしまったのです。そこでこの3年間でアイテムの数や種類を見直し、現在はオールシーズン通して計23着の服に落ち着いています。

**服を手放す時は、「好きが語れるかどうか」ということを基準の一つにしています。**手放すか迷ったら、試しにその服を着て一日出かけることも。そこで自分の気持ちが上がらなかったら、手放すようにしています。どうしても迷ったら、期限付きで保管しています。

また、自分のライフスタイルを考慮したうえで服の適正枚数を決めておくと、無限に増えていくことを防げると思います。ハンガーの数を決めておき、「ここに掛けられる分しか持たない」とルール化しておくなど、服が増えない仕組みをつくっておくのもポイントです。

**自分の「好き」を日々確かめる、そして、服が増えないようなルールを設ける。そんな小さな積み重ねで、ベストな枚数を維持することができる**と思います。

アクセサリーやジュエリーで華やかさをプラス。シンプルコーデも、アクセサリーや小物を上手く使えばおしゃれに見せることができます。シルバーやゴールドは、コーディネートにも落とし込みやすく、洗練された印象に。

服選びのポイントは、素材や質にこだわること。シーズンレスで使えるジャケットや、毛玉ができにくいスウェットシャツなど、何通りもコーデが楽しめて、管理の手間がかからないアイテムを厳選するようにしています。

「この組み合わせなら間違いない」という定番コーデを決めておくと、忙しい朝も服選びに悩まなくて済むから便利。出掛けた先で「今日の服装、何だかイマイチだな」とテンションが下がることも減ります。

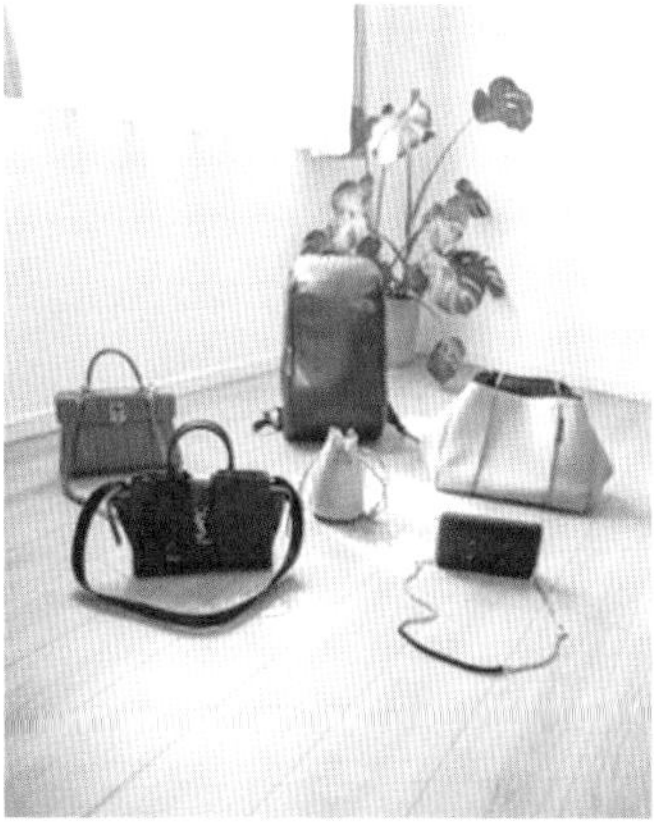

鞄は全部で６個。出掛ける時は１日の行動を予測して選ぶようにしています。中身は本当に必要なものだけを厳選し、身軽さを重視。外出先でも疲れにくくなり、フットワークも軽くなりました。

# 少ない服でも十分おしゃれは楽しめる

以前は、どれだけたくさんの服を持つかに比重を置いていた私ですが、今は少数精鋭の服たちで日々を過ごしています。

**少ない服でおしゃれを楽しむために大切なのは、なんといってもまず、質にこだわること。**服の絶対数が少ないからこそ、素材の質にはこだわり、テロテロの安っぽい生地や、上品さに欠ける素材などは避けるようにしています。

選ぶアイテムはベーシックなかたちやカラーのもの。カラーはモノトーンやカーキ、ベージュなどのアースカラーが多めです。こういった定番品はほかのものとも合わせやすく、また、買い換える時に迷わない点も楽です。

季節に合わせたアイテムを仕込んだり、合わせ方にバリエーションをつけたりと、着こなしに工夫をし、変化球の着まわしも楽しんでいます。着こなしに変化を持たせるように工夫すると、日々新鮮なスタイルを楽しめて、飽きづらくなります。

そして服がシンプルなぶん、小物で華やぎを添えるようにしています。ネックレス・ピアス・ブレスレットなどのアクセサリーを投入して、おしゃれの完成度を高めたり、小物や靴にカラフルなアイテムや柄物を持ってきたり。小さな部分は冒険しやすいので、靴下にビビッドな差し色を投入して、ソックスコーデを楽しむのもおしゃれですよね。

2022年に新しく買い替えたロングコートは、ジャーナルスタンダードのもの。手持ちの服はモノトーンが多いため、冬はどうしても地味に見えてしまいがち。可愛くも格好良くも着こなせるガンクラブチェックで、脱・地味見え。

大好きなものだけを厳選し、必要以上に増やさないようにしています。現在の手持ちの服は、オールシーズン通してこの23着のみ。アイテムは定期的にアップデートし、少ない服でも時代に合ったファッションを楽しむようにしています。

私が一番好きなアイテムはカーディガン。今年はフェミニンでスタイルもよく見える、ペプラムデザインのものを購入しました。羽織りものとしてはもちろん、ボタンを閉めればプルオーバー風にも使える万能アイテムです。

## 大好きなものを選べば、一軍服だけに囲まれた毎日に

「買ってよかった」と満足できる一着を選ぶために、その服を採点し、90点以上であれば買うことにしています。採点基準は、着ていて気分が上がるか・飽きにくいデザインか・安っぽく見えないか・管理の手間暇がかからないか・サイズはぴったりかなど。必ず試着をしてイメージを掴み、「長く愛用したいと思えるか」をよく考えてから購入します。

重視するのは質。安物買いをやめれば一つひとつのアイテムにお金をかけられるようになり、上質で長持ちする「一軍服」だけに囲まれた毎日が叶います。

メイクボックスは無印良品のものを愛用。コスメはなるべく最後まで使い切るように心掛けています。眉アートやリップアートのおかげでメイク時間が短縮され、コスメも減らすことができました。

## 未来の自分に投資する、私の美容事情

美容にかけるお金は未来の自分への投資。それと同時に、「負担」や「手間」を手放し、時間を生み出すこともできます。私が行ってよかったと感じる美容術をご紹介します。

まず、シミ取り治療。肌に自信がつき、厚くファンデーションを塗る必要がなくなりました。また、お金も時間もかかったけれど、やってよかったと心底思っているのが医療脱毛。日々のケアがとても楽になりました。眉アート、リップアートといったアートメイクやまつげパーマも、時短メイクを可能にしてくれました。手抜き感もなく、忙しい朝もストレスフリーです。

# 時間は工夫して生み出すもの

限りある時間を有効に使うために、時間を生み出すための「もの」と「習慣」を暮らしに取り入れています。

賢い家電には大いに助けられています。ドラム式洗濯乾燥機を買ったことで、洗濯物を干す手間や時間から解放され、時間を捻出できるようになりました。お掃除ロボットも、床掃除の手間が減ると同時に、床にものを置きっぱなしにしなくなったので、とても助かっています。

一週間分の献立はGoogleカレンダーに入れておき、夫と共有。メニューをお互いにわかっていれば、仕事から早く帰って来た方がスムーズに夕飯作りに取りかかれます。こうしてお互いフォローし合うことで、家事効率がアップします。食材や日用品の買物は、週1回、ネットスーパーで。この方法なら、無駄に買いすぎてしまうこともなくなり、時間・体力・お金を節約できます。

そして**休日は、スマホを特定の時間になると使用できないよう設定し、デジタルデトックス**をしています。スマホを触らない時間を意図的につくり出して、代わりに自然の中をお散歩。心も体もリフレッシュします。

# 捨てるものと捨てないものの基準

私は「捨てる」「捨てない」の基準を明確にしていて、「捨てる」の基準に該当するものは、感謝しながら手放すようにしています。

「捨てる」に該当するのは、消費期限切れの服（色あせやほつれなどがあり、劣化している服）／賞味期限切れの服（着たら古臭く見えてしまう服。ジャケットやデニムなど、シルエットやデザインが変わりやすいアイテムは定期的にアップデート）／管理場所を奪うもの（大きな収納家具やラグなど部屋の床面積を奪うものは捨て、機能性を持たせつつコンパクトに所有する方法を選ぶ）／電子化できるもの（書類・写真・ポイントカードなどは捨てて、データやアプリで管理）／未来への足枷になるもの（昔の恋人からのプレゼント・眠ったままの贈り物、ただの置き物と化しているものなど）／管理コストがかかるもの（維持費やメンテナンスの手間暇がかかるもの）などです。

一方、捨てないのは、学びのもの（書籍や学用品など自己投資になるもの）／時間を生み出すもの、人生を豊かにしてくれるもの（趣味や自分が好きなもの）／癒しを与えてくれるもの（観葉植物・アートグッズ・アロマなど）など。これらは私の人生に必要なものなので、手元に置いておきます。

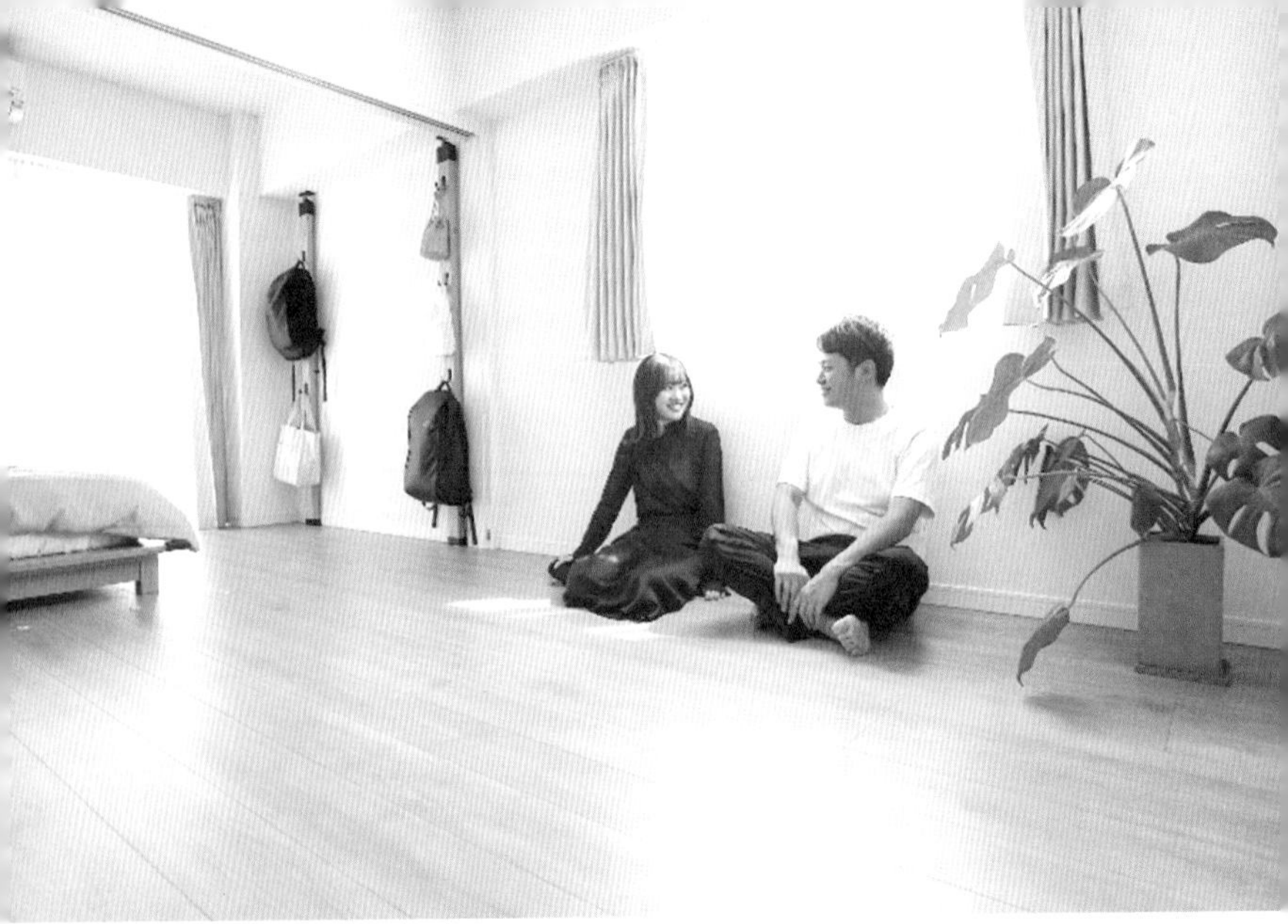

# 本当に大切な人とだけ つながっていればいい

すべての人に良い顔をしていたら、本当に大切な人との関係性は埋もれてしまいます。私は人間関係においても、「必要な関係性だけを大切にする」というミニマルなスタンスでいたいと思っています。

昔は「相手が傷つくかも」「嫌われるかも」と思って自分の意見を言えず、同調してばかりでした。でも今ではイエスマンは卒業し、考えをハッキリ伝えるようにしています。気が乗らない飲み会などは断るようにもなりました。自分の人生は自分のもの。周りの意見やアドバイスは参考にしつつも、自分で決断することから逃げず、自分軸で生きたいと思っています。

# ミニマリスト夫婦が伝えたい、良い関係を築く秘訣

大切なのは、干渉しないこと。お互いに相手を束縛したり、交友関係などに口出ししたりはしません。

価値観が合わないのは当たり前だと思っています。私は外向的な性格で、考えるよりも先に行動するタイプ。一方、夫は内向的で、慎重かつ計画的に物事を進めていくタイプです。違う人間同士ですから、「考え方は違って当然！」と割り切ることが大切なのだと思います。いくら自分が好きなことでも、相手も同じとは限りません。ですから夫に、自分の価値観を押し付けないよう気をつけています。

二人で過ごす時間も大切にしています。ケンカをした時は、その日のうちに仲直り。翌日に持ち越さないようにし、些細なトラブルも芽が小さいうちに摘んでおくようにしています。

ミニマリストのマインドと、パートナーシップで大切なことは、通じ合っているように思います。

**大切でないことに煩わされず、本当に必要なものだけに目を向ける。こういった姿勢でいれば、パートナーとも良い関係性が保てるのだと感じています。**

# 捨てない家族がいるなら、はんぶんミニマリストとして自分だけの聖域をつくる

minimalist 04

## Odeko

data

年齢：40代　　家族構成：夫婦二人暮らし

YouTube「tabi to hibi from Odeko」

@hanbun_minimum

アラフォー主婦、派遣社員、YouTuber。ミニマリストに憧れて捨て活開始。「ものを捨てない家族」という高い壁に悩み、四苦八苦しながら「はんぶんだけのミニマルライフ」を手に入れる。YouTubeやInstagramでは「ものを減らして心もお金も整う暮らし」をテーマに、物欲に立ち向かうコツ、家事が楽になる方法、捨て活の様子などを楽しく発信中。

間取り：2LDK

クローゼットは夫と私で分けて使用。家の中で唯一私の意志だけが反映された場所で、100%満足できる、私の癒し空間。

洗面所は、「タメコミニスト」の夫が一番ものを増やす場所。洗面下の収納で、見た目をすっきりさせるのが精一杯。

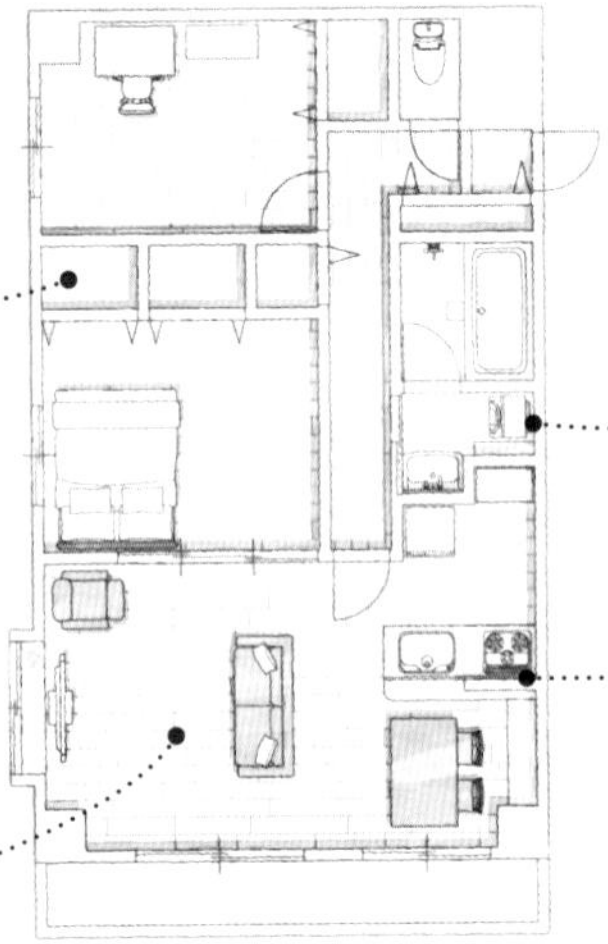

ソファ前のローテーブルとテレビ台を手放したことで、狭いと感じていたリビングが、広々とした空間に。

毎日使う道具はコンロの上の壁に掛けて収納。取り出しも片付けも簡単な快適キッチンです。

# 少しずつ、小さな「できた」を積み重ねていった「捨て活」

もともとお買物が大好きで浪費がやめられず、いつもカツカツな暮らしをしていた私。その上片付けが苦手だったので、家の中はいつもぐちゃぐちゃでした。

アラフォーになり、ふと我に返ります。「買物ばっかりして貯金もなくて、何してるんやろ？」「散らかった家でいつまで過ごすんやろ？」と。

そんな時に「ミニマリスト」という生き方を知りました。なんだかかっこいいし、家事も楽になりそうだし、お金も貯まりそう……期待と同時に、「なんとなく行き詰まったこの気持ちも、ものを減らすことで変わるのかも」という思いがふつふつと湧き上がってきました。

その時の私は、とにかく自分を変えたかったのだと思い

ます。ものを捨てることで、新しい自分になれるかもしれない。そんな期待を抱いたのが、ものを捨てる活動＝捨て活を始めたきっかけです。

　私の浪費の原因はクローゼットに詰まっていると確信があったので、迷わずそこから始めました。すべてのものを一旦全部出して、①仕事に使うもの（お金を生む）、②心が癒されるもの（心のゆとりを生む）、③時短になるもの（時間を生む）のどれにも当てはまらないものは捨てようと決めました。

　とはいえ、残すものと捨てるものの基準を決めたとしても、実際には機械的にさっと決断できる

ものではありません。私は何度も悩んで捨てられなかったり、迷い続けていたり……。思い描くイメージ通りに捨てられない自分にうんざりしたことも。

けれど捨て活を進めていくうちに「悩んでもいいじゃない」と割り切れるようになってきました。そもそもかっこよく決断できないから、ぐちゃぐちゃな暮らしになったのです。そんな自分がいきなり変われるはずはないのです。だからこそ腹を据えて、コツコツ地道にものと向き合い続けようと思いました。

「理想の自分」があるからこそ早く近づきたくて、でも近づけない自分にがっかりするのは自然なことだと思います。けれど**目標は、一気に変革することではなくて、確実に変革すること**です。「捨て活のタイム」は誰とも競っていないのです。3回悩んだらアウト！なんてルールもないのです。だからこそ、「腹を据えてコツコツものと向き合い続ける」、これだけが唯一私がすべきことなのかなと、そんな風に考えました。

捨てるか悩んで今すぐ決断できないなら保留にして、他のものに取り掛かる。他のものがひと段落したらもう一度見直してみる。私の捨て活はこれの繰り返しでした。

**大切なのは瞬発力ではなく持続力**なのだと思います。

## 「捨てられない気持ち」との向き合い方

ものは減らしたいのに、捨てられない。そんな時、「なぜ捨てられないの？」と自分の気持ちをあれこれ考えてみても、答えはわからないことも。

だから私は、**捨てられない理由を頭で考えるより、迷ったものはとにかく使ってみるようにしていました。**例えば、服ならすぐに着てみる。家の鏡の前で決断できなければ、着てお出かけしてみる。それでも悩むなら、一旦、段ボールに詰めて「それがない暮らし」を疑似体験してみる……そんなふうに、頭で考えるより実際に経験してみることで、心の整理がつくことの方が多かったです。

特に決断しにくいものには、特別な思いや執着、固執があることがほとんどだと思います。ですから、心の折り合いがつく前に手放すのは難しいのが当然。「とにかく使ってみて、違和感を実感してみる」。ここから心の整理ができてくるのかなと思っています。

実際にたくさんのものを捨ててきた今思うのは、「**捨てるか迷ったものは、最終的には捨てることが圧倒的に多い**」ということ。ですが、それがわかるのは捨て切れた後。「捨てられない気持ち」との向き合い方は、「とにかく考えるより動く」だと思います。

それから意外と、関係のないことのようで、**「何かに夢中になる」「好きなことに没頭する」というのも、捨て活を後押しする**ものとなります。

なかなか捨てられないと思っていたものも、自分が本当にやりたいことに没頭するうち、「いらないものにスペースや時間をとられて、好きなことに集中できないのは嫌だな」と思えてくるものです。そうすると、自然と手放そうという気持ちが湧いてくるもの。私はＹｏｕＴｕｂｅ活動に夢中になったことで、さらに捨て活が進むようになりました。

捨てたいものとだけ真っ向勝負で向き合うのではなくて、心の殻を打ち破り、本当にやりたかったことに挑戦してみると、意外と捨て活が捗るかもしれません。

／ Before ＼

＼ After ／

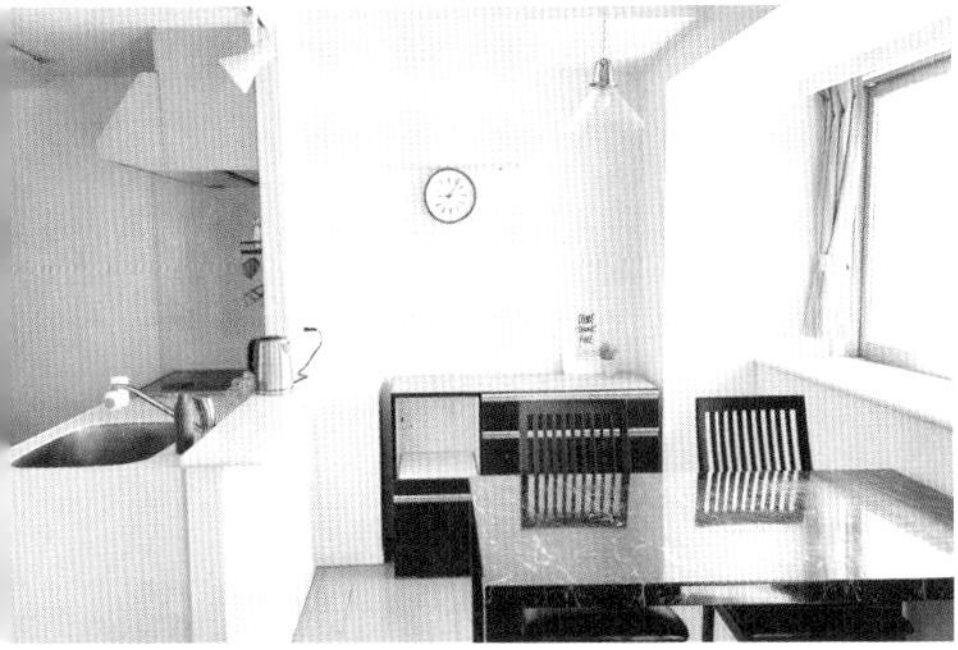

リビングの before & after。メインの家具などは変わっていないのに、ものが減っただけでこんなに印象が変わりました。

# 「めちゃくちゃお気に入り」はどれですか？

家にあるすべてのものは、少しでも気に入ったから買ったもののはずです。その度合いに違いはあっても、そもそもお気に入りのものしか家には存在しないもの。だから、「捨てられない」という気持ちは当たり前の感情だと思うのです。ですから、捨て活は、**「ちょっとお気に入りのもの」を手放し、「めちゃくちゃお気に入りのもの」だけを残す**イメージなのかな、と思っています。

そして、ミニマルな暮らしを送る時に大切なのは、自分の心地良さに耳を傾けることだと思います。

捨て活や片付けの方法もアイデアも、ネットを見れば溢れています。けれど、それが自分にとって心地いいかどうかは、自分にしかわからない。だからこそ、他の人の意見は大いに参考にしつつも、それはあくまで、参考にしかならないのだと割り切っておくことも大切だと思います。

**自分の心地よさに耳を傾けてあげられるのは自分だけ**。「誰が何と言おうと私はこれが好き！」と叫びたくなるくらいお気に入りのもので、家を満たしていきたいですよね。

①やってみる!
わく わく
こころのまま1歩ふみだす!
②ほめてみる!
行動したこと それが全て◎
1つ 捨てた
すごい
目的を
③書いてみる!
もう ムダ遣い したくない
かっこよく なりたい
捨て活の 地図になる
④小さくやってみる!
今日は ココだけ
今日は 文房具だけ
小さな 1歩で OK
⑤行動してみる!
✓着てみる
✓使ってみる
?
見てるだけじゃ わからない
⑥集中してみる!
□不要品でおこづかい
□おしゃれな部屋
□スッキリ
□夫にも…
□節約も…
最優先は どれ?
まずは コレ!
何回 悩んでも OK!
⑦何度でも やってみる!

# 暮らしのテーマに合わせたもの選びを

「捨て活」とは、実際には「残すものを決める」作業だと実感しています。すべては手に入らないし、1日は24時間しかありません。だからこそ、「残すもの」を決めて、それ以外を手放すのです。

捨て活を始めた時、私にあったのは、「自分をリセットしたい」「とにかく捨てたい」という思いだけでした。けれど、進めていくうちに「自分はどうしたいのか？」を考えるようになりました。

「自分はどうしたいのか？」は、言い換えると「私の暮らしのテーマは何？」ということです。自分の暮らしのテーマを設定すると、自ずと、それに必要なものが明確になってきます。

私は「のん気に暮らす」をテーマにしました。

例えば、のん気に暮らすためには、ストレスの原因である苦手な家事は減らしたい。だから、家事を楽にしてくれる道具は残す必要があります。

また、のん気に暮らすために、至福のお昼寝時間は必須。だから、肌触りの良いタオルケットはマストです。反対に、家ではぼーっと過ごしたいので、おしゃれな部屋着は必要ありません。

こんなふうに「自分にとっての暮らしのテーマ」を決めてみると、残すべきもの・捨てるべきものがはっきりと見えてきて、どんどん捨て活もスムーズになっていくと思います。

暮らしのテーマは人それぞれで、色とりどり。ですから、自分が本当に望んでいるライフスタイルや、大切にしたい価値観と、じっくり向き合ってみることが必要なのだと思います。

捨て活前の私は、ミニマルライフを「手にとるもの、身につけるもの、すべてがキラキラと輝いて、自分をわくわくさせてくれる」、そんな暮らしなのだろうとイメージしていました。けれど、服、靴、鞄、食器、キッチングッズ……たくさんのものを手放して、残った少数のものを使い続ける今の日々は、お気に入りのものだけを残したはずなのに、不思議とわくわく感はそこまでやってきません。

でも、毎日なんだか楽なのです。なんだかスルッと家事が終わるのです。

キラキラな暮らしではないけれど、もやもやしない暮らし。毎日使っても飽きない、ストレスもない道具や服。**そこにあるのは高揚感ではなく、落ち着いた安らぎ**です。そう、これこそが「お気に入りと暮らす」ということではないのかな?と感じ始めています。

多用途に使えるものを選べば、
ものの総数を減らすことができます。
私の愛用品の中から、
ほぼ毎日使っていて、
かつ多用途に使えるものをご紹介します。

ユニクロの
ウルトラライトダウン

春や秋は羽織りとして、冬はコートの下に重ねて、と重宝しています。小さく収納できて持ち運びもできるので、旅行やスポーツ観戦時にも、バッグに忍ばせています。

DELFONICS の
プラトールフラットバッグ

マチもポケットもない、シンプルなバッグです。iPad を持ち運びたくて購入しました。旅行、仕事、お出かけなど万能に使えるデザインを選べば、シーンごとのバッグを所有しなくて済みます。

PLST のジョーゼット
プリーツシャツワンピース

ポリエステル素材のワンピースは着られる季節が長いので、長袖、半袖と揃えています。洗濯が簡単でアイロン要らずのものを選べば、少数の服でもストレスなく過ごすことができます。

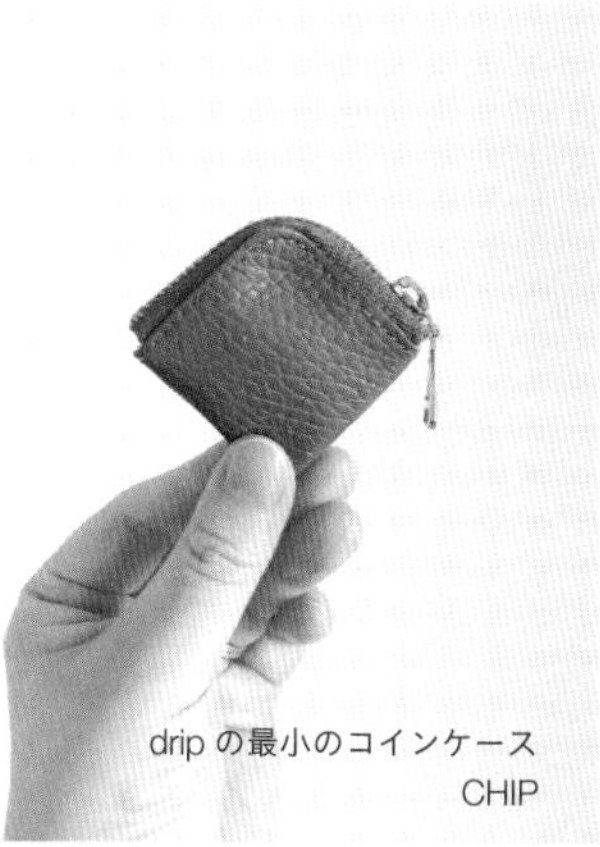

drip の最小のコインケース
CHIP

職場の自販機や近所のお肉屋さんなど、現金を支払う場面がたまにあります。普段は空のままキーホルダーとして使用し、小銭が必要な時だけこれに入れています。

aso の 折りたたみ傘
pentagon72

とにかく軽い！ 長傘は手放して、雨用傘はこれ一本です。バッグに入れていても、忘れたかな？と思うほど存在感がないので、持ち歩くストレスがありません。

9° の樹脂製の器
U90

冷凍もレンジも対応可能な器。ごはんを冷凍し、レンジで温めて、このままお茶碗として使っています。サイズが小さめなので、ごはんは少量にしたい私にぴったり。その他、ヨーグルトやスープのお皿、コップ代わりにも。

オッフェンの
pointed-SIMP

仕事をしていると、かしこまった服装をしなければいけない場面も。ヒールの靴は苦手なので、年に数回のために持っておくのがもったいないと感じていました。この靴はきちんと感があるのに歩きやすく、普段使いもできるデザインでお気に入りです。

## ものを捨てない家族がいるなら「はんぶんミニマリスト」になる

私の夫は、「いつか使うかもしれないから捨てない」というタイプの溜め込む人＝タメコミニストです。「捨てたい」と思う私と、「もったいない」と思う夫。捨て活を始めた当初は、二人の間でたびたび喧嘩もありました。なんでも残しておきたがる夫のせいで、荷物がなかなか減らない……そのことに、私は苛立ちを募らせていました。

けれど、イライラしても何も進まないし、捨て活を始めたせいでイライラが増えたなんて本末転倒だなと気づいてから、家族みんながミニマリストではなくても心地良く暮らすコツを、自分なりに編み出していったのです。

結果的に私が行き着いた答えは、**暮らしの半分だけをミニマルライフにする、「はんぶんミニマリスト」**になるというもの。

はんぶんミニマリストとは、家族を巻き込まずに、自分のテリトリーだけをミニマルにする暮らしのこと。「家族がものを捨てない人だから」と諦めるのではなく、まずは自分でできることをやり遂げよう、という考え方です。

大丈夫だヨ
勝手に捨てないからね
相手のモノは捨てないと伝えておく
クローゼットだけはミニマリスト♡
自分だけの聖域をつくる!
ミニマリスト
タメコミニスト
もったいない!
大丈夫?
ゴミの山は見せない!
節約になっていることだけは伝える!!
すごいやろ?
おおー!
知らん
ミニマリストってこんなに良いヨ
ミニマリストの良さをアピールしない!

右が夫のタメコミニスト・クローゼット。左は私のクローゼットで、ここはミニマリストの聖域になっています。

**家族に文句を言ったり、期待したりする前に、まずは自分のことをやり遂げる。部分的にでもいいから、自分だけの聖域をつくり上げる。**私はそんな思いで自分のものだけを手放してきました。夫に対して「これ捨てた方がいいんじゃない？」なんて言葉をかけるのも控えています。ただ、物欲が減って無駄遣いがなくなってきたお陰で、前より貯金できていることだけは伝えています。

これは浪費家だった私を見てきた夫にとっても嬉しい変化のようで、少しは心に響いたよう。「ミニマリストなんて反対！」の状態から「その調子で頑張って」という姿勢に変わりました。

ものを捨てない家族がいたとしても、**イライラしている場合ではないのです。目の前にやりたいことがあるのだから。**

家の中の一部分だけでもミニマルな空間ができた時の達成感は、何とも言い難いもの。ミニマルライフに一番大切なのは、部屋の余白より心の余白なのかもしれません。

## 「推し活」は、自分軸で向き合うからこそ楽しいもの

私はアイドルファンを趣味としています。推し活やオタ活とミニマルライフは、対極のように思えますよね。けれど、「その人を応援したい」という思いさえあれば、どんな生活を送っていたとしても、立派なファンだと思うのです。

増えすぎてしまったグッズを手放したいと思った時、心理的なハードルは高いと思います。ですから無理に手放さず、ある程度捨て活が進んでから取り掛かるのが良いと思います。ものは捨てれば捨てるほど、捨てる力がついてくるもの。**手放すグッズたちへの想いを、残すグッズに託す気持ちで、少しずつ減らしていくと良い**かもしれません。

そして、ぜひおすすめしたいのが、**キラキラ輝く空間をつくる**こと！　私は大好きな女性アイドルのグッズを大量に手放した（同士に譲る感覚で、フリマアプリを活用しました）後、手元に残したとっておきの一品を、部屋のお気に入りのポジションに飾りました。

コンサートに行くたびにグッズを買っていては、出費もかさむうえ、一つひとつのグッズを丁寧に扱うことができなくなってしまいます。大切なのは所持する量ではなく、大事なグッズを、どれ

だけ丁寧に扱えるかどうか。「もし自分の推しがこの家を見たとしたら、心から喜んでもらえるような空間にしたいな」という気持ちで向き合うと、わくわく楽しい気分になれます。

そして、**ミニマルライフと推し活を両立させるために忘れてはならないのは、「心の中でオタクであればいい」というマインド**だと思います。自分がオタクであることを存分に表現したい、熱心なファンだと思われたい、ほかのファンよりちょっと優位に立ちたい……そういった心理を持っていると、いくらグッズやCDを大量に買っても、「もっと手に入れたい」という欲は尽きることがありません。

自分軸があってこそのファン活動なのだと思うのです。心地良い暮らしと心のゆとりがベースにあってこそ、「好き」という気持ちを健全に楽しめるのではないかと思います。

せっかく「応援したい」と思える存在に出会えたのだから、心の底から楽しく応援したいというのが今の私の願いです。多少、遠巻きになっても良いから、暮らしのバランスは崩さず、「健康的なオタ活」をしていきたいと思っています。

## 心地良い家をつくるのは、日々のコツコツルーティン

もともと私は、ぐーたらしているのが好きな「片付けられない」人間でしたが、ものを減らしたら、ゆるく過ごしていても、そこそこ整う暮らしができるようになりました。

ものぐさな人でも家を綺麗に保つには、いくつかポイントがあります。まず、どんなに疲れていても、毎日ゴミだけは片付けるようにすること。これは、散らからない家のための最大の頑張りどころ。ゴミは捨てるしかないから、諦めてゴミ捨てを習慣にしていくしかありません。**すっきりと片付いた家は「華やかな何か」ではなくて「地道な作業の繰り返し」でできている**し実感しています。野球選手が毎日黙々と素振りをするように、これからも私は毎日ゴミを片付けていきます。

それから、「ついでに片付くルーティン」をつくるのも大切なことだと思っています。例えばお風呂に入るついでに洗濯物（部屋干し）を片付けたり、寝る前、トイレに行くついでに古い新聞やゴミを玄関に持っていったり。

私は片付けが苦手だからこそ、自分のやる気に頼らず、こんなふうに、流れで片付けられるような仕組みを意図的に作っています。

## できないことがあって当たり前

何が苦手なのか、何をストレスに感じるのかは人それぞれです。ですから、家事を楽にするためには「自分の心地良さ」に耳を傾ける必要があります。

家事を効率化することもとても大切ですが、たとえ非効率だとしても、**自分にとってストレスになることを避けるのが、家事や暮らしを楽にするための、一番の近道**なのだと思います。

以前の私は、家事を完璧にこなして、毎日家中をピカピカにしておくのが正解なのだという幻想を抱いていました。けれど現実はその理想には到底追いつかず、なかなかやる気が湧かない自分にイライラしたり、いつも散らかりっぱなしの家に幻滅したり……「家中がピカピカな状態」を基準に考えてしまっていたことで、それを達成できていない自分を責めていました。

完璧な状態を基準にしてしまうと、できなかったことにばかりに目が向いてしまい、そんな自分にうんざりするという、負のループが起こっていきます。

けれど、**自分の暮らしを自分で厳しく採点する必要なんて、どこにもありません。**世の中に「家事の基準」なんて存在しないはずです。

私は「これくらいのことをして当たり前」という幻想にずっと縛られていました。自分ではそれに気付かずに、完璧に家事ができない自分をずっと責め続けていたのです。

でも、**心地よく暮らす上で一番大切なのは、完璧を求めないこと**なのですよね。快適に過ごすためには、ある程度片付いている方がもちろん良いと思いますが、完璧だから心地良いというわけではないはずです。

人間ですから、できない日があって当たり前だし、そこで暮らしているのだから、ある程度の生活感があって当たり前なのです。

このことに気が付いてからは、何かを一つでもこなした自分のことを、褒められるようになりました。たとえ家中がピカピカじゃなくても、今日はご飯が美味しくできたからＯＫ！　夜寝る前に「今日もいい一日だったな」と思えればそれでＯＫ！　そんなふうに。

ＹｏｕＴｕｂｅの動画では一見綺麗に見える我が家も、掃除が行き届いていない部分はたくさんあります。でも、私も皆さんも、それで良いのだと思います。**ミニマルに暮らすとは、必要以上に自分に厳しくしてしまう心も手放すこと**だと感じています。

できなくて当たり前、汚れがあって当たり前、生きているだけで十分立派！

iwakiの耐熱ガラス保存容器。保存容器や食器は、多用途に使えるかどうかで厳選しています。

工房アイザワの茶漉し。茶漉しだけでお茶が淹れられるので、急須は手放しました。

/ Before \

\ After /

厳選したキッチングッズのみにしてすっきり！

左／Catarelのはたき（ステンレスシャイニー）。うっとりするようなデザインで、壁に掛けているだけで掃除のモチベーションを上げてくれます。
右上／MARNAのスクイージー。お風呂用ですがキッチンで使用中。布巾のように洗濯する手間も、キッチンペーパーのような消耗もなくなりました。
右下／霜山のシリコンザル。シリコン製なのでくるっと丸めて収納することができ、スペースをとりません。目に詰まった汚れも簡単に落とすことができて洗い物も楽になりました。

「最高のお買いモノ？」は
まほうのことば
ちょっと良い
くらいで買わない
めっちゃ良い
モノだけを買う
モノは
もう
増やさない
ブツヨクオバケ
BAN
BAN
暮らしを整えて
バリアをはろう！
ゴミだけは
毎日
片付ける
アレ？
近づけない
とりあえず買わない
呪文を唱えよう！
えいっ
暴走する物欲に
急ブレーキ
ブツヨクオバケ？
そんな オバケも
いたっけな～
るんるん
1in1outは
防御の技!!
1つ手放してでも
欲しいモノ？

# ものを捨てたら、私自身も整っていった

「こんな自分を変えたい」という思いで、たくさんのものを捨ててきた私。いつしか、たくさんの変化がもたらされていました。そのうちのいくつかをご紹介します。

## ●お金が整った

ものを捨てたら、執着の糸も切れました。**ものが減るごとに、見栄、不安、世間体……そういった、私を縛っていた感情の絡まりがほどけていく感覚がありました。**

執着は浪費につながります。浪費は浪費を呼び、昔の私は、何かを買わずにはいられない、欲望人間になっていました。

そんな私が、ミニマリストになった今では、何かを「欲しいな」と思っても、ちょっと立ち止まれるように。「必要だから買う。必要でないから買わない」。そんなシンプルな考え方ができるようになりました。

そして、**必要なものは、実は案外少ないのです。**そのことに気がついたことで、決して無理をし

ているわけではないのに、お金が手元に残るようになりました。
「自転車操業ではない日々」、こんな経験は人生で初めてです！

**●自信を持てるようになった**

もともと、何かに突き動かされるようにして捨て活に挑んだ私。やりたいと思ったことを、心のままにやってみる。自分で決めて、自分で考えて、やってみる。言葉にすると当たり前のことのように思えますが、そんなふうに自分の気持ちに従って、「やってみたいな」と思ったことを叶えられたことが、自信につながりました。

ブランドのバッグを持ってみても自信は持てなかったのに、不思議です。

**●心が整った**

ものを手放したことで、精神的なゆとりができるようになりました。

**ものが減ったら手間が減る。手間が減ったら時間が余る。時間が余ればゆっくり寝られる。ゆっくり寝れば気持ちの良い朝がくる。**そんな、素敵な循環が生まれているように感じます。

たっぷり眠った後の気分の良い朝。一日一日のその積み重ねが、私の心をもすっきりと整えてくれる気がします。

## ●幸せに気づけた

大量のものを手放す過程で見えてきたのは、私の中にあった「見栄」や「虚栄心」でした。

見栄で買ったものを手放してみたら、ほとんどのものが残りませんでした。一体これまで、見栄にどれだけのお金と労力をつぎ込んできたことでしょう……。ガランとなったクローゼットを眺めながら、見栄に振り回された過去の自分をとても残念に思いました。

ですが、**過去の自分も一生懸命でした**。一生懸命働いて欲しいものを手に入れて、また働いて。確かに自転車操業だったし、ものも溢れて家中ぐちゃぐちゃでした。けれども健康な体があって、仕事があって、買物する意欲があって……。振り返ってみたら、過去の私も結構幸せ者だったなと思うことができました。

ありのままの自分が幸せだったと感じることができた時、すっと欲がなくなったような、心が軽くなったような感覚になり、自分で自分を認めるってこういうこと?と、初めて感じました。

やりたいことを
心のまま
やってみる!
それだけで
じゅうぶーん
自信をもてるようになった
お金が整った
クレジット
明細
こわくない
ムダ遣い
激減
明細
ありがとう
ミニマルライフ
ずっと前から
わたしは
幸せもの
しあわせに気づけた
こころが整った
寝たら
気分良好

# ゆったりとものを手放し
# つくりあげた、
# レトロ可愛いミニマルルーム

minimalist 05

## ゆく

data

年齢：30代

家族構成：夫婦二人暮らし

@yug_room　YouTube「ゆくらし」

築50年の団地に夫と二人暮らし。和室を基調とした家をすっきり可愛らしく整えることで、レトロ感を生かしたミニマルルームに。シンプルで温かな色遣いも工夫している。家が大好きなインドア派で、休日は夫婦でアニメやゲームを楽しむことが多い。

### 間取り：2LDK

掃除がしやすいように、シンク回りには小物や家具を置きすぎないようにしています。

キッチンの木箱にはお皿を収納。お皿を増やしすぎないためにあえて小さなものにしています。

よく夫婦一緒にゲームをするので、パソコン部屋の机は並べて置いています。

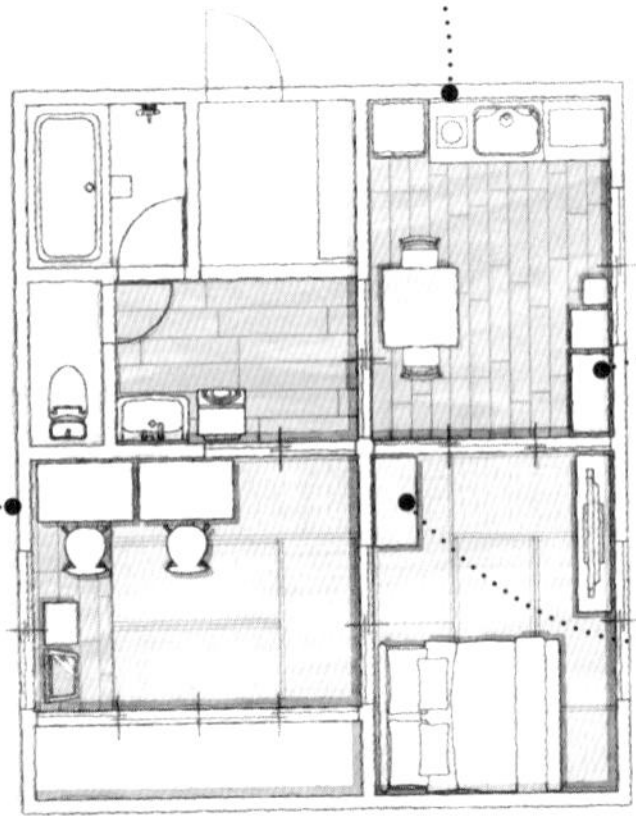

リビングの収納テーブルはIKEAで購入。デザインもよく、収納力も抜群で大好きな家具のひとつです。

# 和室の良さを活かし、柔らかな雰囲気のお部屋に

私が現在住んでいるのは、築50年の家。和室を基調とした2LDKです。「おしゃれな和室」を叶えるために工夫したのは、家具や小物を、畳の色に合うものにしたこと。

色合いがマッチするよう、ベージュ系のものを多く取り入れました。畳と家具が近い色になるだけで、お部屋に統一感が出て、垢抜けた印象になったと感じます。

また、「木製」や「竹製」など、ナチュラルな素材で作られたアイテムを選ぶようにしました。畳や柱などから自然の温かみをたっぷり感じられる和室とそれらはとても相性が良く、しっくりと馴染んでくれました。

## ものを減らして実現した、リラックスできる空間

築50年以上も建っている我が家は、全体的にレトロな雰囲気が漂います。最初の頃は、そのレトロな部分にやや戸惑ったりもしました。けれど、その「ちょっと懐かしさ」のあるところがこの家の個性なのだと気づいてからは、その特徴を抑えるのではなく、活かすための工夫をするようになりました。キッチンには、あえて学級椅子を置いてみたりするなど、この家のノスタルジックなところを存分に楽しんでいます。

そして大切にしているのは、ものを置きすぎないこと。私は、特に目からの情報が多いと疲れを感じてしまうタイプです。そこで、「情報量が少なく、リラックスできる空間」をつくることを優先的に考えた結果、ものを置きすぎないインテリアが、自分にとってベストな形だったのです。

部屋に置くものは、日常生活でよく使うグッズや、シンプルなデザインの家具、そして気分が上がる小物などに厳選。どれもこだわって選んだものばかりです。大切なものだけに持ち物を絞ることで、情報過多にならず心が安らぐと同時に、レトロな部屋の温かく柔らかな雰囲気を活かせるようになりました。

ホワイト、ベージュ、モカを基調とした配色で、心が安らぐ空間に。
照明は竹でできたもの。レトロモダンなお部屋にぴったりです。

## ものだけでなく、色遣いもミニマルに

くつろげる空間づくりのために、「ミニマルな色遣い」も大事にしています。リラックスできるようにものを置きすぎないのと同様、「色」も使いすぎないようにし、同系色の家具や小物をチョイス。主に、ホワイト・ベージュ・モカの3色をメインにしています。

カラフルなお部屋もポップで可愛いと思いますが、私には少し刺激が強いので、温かみのある淡い色で統一しています。ものだけでなく、お部屋全体の色もミニマルにすることで、気持ちが落ち着く空間になりました。

楽天を見ていた時にたまたま見つけた学級椅子。
レトロな雰囲気が築古のお家に合っていて、とても可愛いです。

格子状が特徴の大きな家具は収納テーブル。
見た目が可愛いだけでなく、収納力も抜群。
買ってよかったと思える一品です。

右の、木で作られた箱にお皿を収納しています。お皿が増えるのを防止するため、あえて食器棚をやめて小さな箱に変更しました。

## 「揃える」「隠す」収納で、目に心地良い部屋に

我が家では、ものの出し入れがスムーズにできるよう、押入れの戸を外して使っています。押入れって、なかなかすっきりさせるのが難しいですよね。私も引越当初、押入れの整理整頓に悩んでいました。そこで色々と試行錯誤して行き着いた答えは、結局、「何年も使っていないものは手放す」ということ。シンプルすぎる結論ですが、やっぱり、これが整理整頓には一番効果的でした。

**ものを減らす作業はちょっとエネルギーがいりますが、一旦減らせば、ものを取り出すのが楽になったりと暮らしやすくなりますし、見た目もすっきりして、気分が良くなります。**

厳選したものたちを収納する際は、よく使うものは手前に置き、そこまで使わないものは奥に置くようにしました。**収納する時は、使う頻度と収納する位置を意識するのがおすすめです。**頻繁に使うものを奥の方、そこまで使わないものを手前に収納すると、使い勝手が悪くなってしまいます。

収納ケースは種類を揃えています。重ねられるのでスペースも有効活用できますし、何より、ぱっと見た時に整然とした印象になるので、気持ちの良い空間になります。

また、私は「隠す収納」を意識するようにしています。毎日使うものって、ついつい出しっぱなしになってしまいませんか？　私は面倒臭がりな性格なので、本当は、よく使うものは出しっぱなしにしておきたいなぁと思ってしまいます（笑）。でもそうすると、部屋がごちゃついて見えたり、さらに、そこからどんどん散らかっていってしまう可能性もあります。

私は、こまごましたものは、100円ショップやIKEAで購入したカゴや袋などを活用し、隠すようにしています。

雑多なアイテムを隠すだけで部屋は整って見えますし、使い勝手も悪くありません。目から入る情報をなるべく少なくすることで、部屋はどんどん快適な場所になっていくように感じています。

左側はちょっとした作業スペース。右側はつっぱり棒を使って服を掛けています。
下段のケースは、すべてキャスター付きにしたので出し入れがスムーズ。

電子レンジの下の棚には、炊飯器とお米とインスタント食品を置いています。我が家は炊飯器を使う頻度が少ないので、その都度出して使用しています。

キッチンの上の収納スペース。下の段にはキッチンで使う雑貨をストック。個数を把握するために、箱などに入れず、あえてそのまま収納しています。上の段には、お菓子を作る器具や紅茶などを収納。

## シンク下の収納ラックを手放したら、たちまち掃除が楽に

思い切ってある場所の収納用品をやめてみました。それは、シンク下の収納ラックです。

少し前までは我が家も収納ラックを使用していました。けれど、収納力があり過ぎるがゆえにものを詰め込んでしまい……どんどんものが増えていき、出し入れをするのも一苦労でした。

思い切ってやめてみると、取り出しにくさがなくなり、とても快適に使えるようになりました。また、収納ラックがあった時はなかなか掃除をする気が起きませんでしたが、手放したことでものを移動させる手間が減ると、積極的に掃除をしたいと思うようになりました。これは嬉しい誤算でした。

# 一つで何役もこなすアイテムで叶う、ミニマルなキッチンづくり

ミニマルなキッチンづくりには、賢いグッズたちが一役買ってくれています。おすすめは、無印良品の「シリコーン調理スプーン」。SNSで話題になっていたこのアイテムは、これ一つで、調理から盛り付けまで使える優れもの。お玉の役目もヘラの役目も果たすので、万能に使えます。菜箸ではすくえないソース類も、これならきれいにすくうことができます。ご飯をよそうこともできるので、私はしゃもじを手放しました。

また、楽天で購入したシリコンボウルとザルも優秀アイテム。シリコンでできているので使わない時は小さく折りたたむことができます。これで一気に収納スペースを省くことができました。電子レンジとオーブンにも対応しているのも嬉しいところです。

無印のスプーンと、楽天のザル・ボウル。優秀グッズで、お料理時間がぐっと快適に。

リビングから見たキッチンです。全体的に背の低い家具を置くことで、キッチン全体が広く感じるように工夫しています。

## 簡単・美味しい、ミニマルレシピ

料理は結婚してからするようになった私。まだまだ勉強中の私が普段作っている簡単レシピをご紹介します。

（右下から時計回りに）手作りなめ茸、ピーマンのおひたし、もやしのナムルです。どれも簡単なのでよく作っています。

**ごま油とにんにくと一味唐辛子で、中華風にアレンジも！**

### 手作りなめ茸

[材料]
えのき（100g）……2パック
みりん……大さじ3
昆布つゆ……大さじ3

[作り方]
1 えのきは石づきを取り、食べやすい大きさに切る
2 1をフライパンで中火で炒める
3 2にみりんと昆布つゆを入れる
4 全体に火が通るように炒め、しんなりしたら完成

**少し時間を置いた方が味が染みて美味しくなります。**

### ピーマンのおひたし

[材料]
ピーマン……5個
かつおぶし…… 適量
昆布つゆ ……大さじ2

[作り方]
1 ピーマンのわたと種を取り、食べやすい大きさに切る
2 1を耐熱皿に入れて電子レンジで加熱する（約3分～5分）
※加熱が足りなければ追加で温める
3 昆布つゆとかつおぶしをかけて完成

**辛いのが好きな方はお好みで一味をふりかけるのがおすすめです！**

### もやしのナムル

[材料]
もやし……1袋
A ごま……適量
昆布つゆ……大さじ3
ごま油……小さじ2
にんにくチューブ……1cm～2cm

[作り方]
1 もやしを耐熱皿に入れて電子レンジで加熱する（約4分～6分）
※加熱が足りなければ追加で温める
2 1にAを入れ、まんべんなく混ぜて完成

# 半信半疑で始めた「シンプルな暮らし」が、意外にも楽しかった

私がシンプルな暮らしにシフトしたきっかけは、大きく分けて三つあります。

一つ目は、築年数の経った家に引越しをして、押入れの収納に戸惑ったこと。

現在住んでいる家は、築50年と年季が入っています。収納スペースはクローゼットではなく押入れ。今まではクローゼットのある家だったので、引越当初はなかなかベストな収納方法が見つけられませんでした。最良の方法を模索する中で、「ものを減らせば悩むこともないのでは？」と思うようになったのです。

それからは、のんびりと押入れの片付けを始めました。**決して無理はせず、できる時にできる分だけ、ゆっくりゆっくり、数年かけてものを減らしていきました**。そうするうちに、押入れの中はどんどん整ってきて、個人的にベストな押入れになりました。

二つ目は、ストレスを減らすため。先にもお話ししましたが、私は目から入る情報が多いと疲れを感じるタイプです。そのため、そのストレスを軽減するにはどうしたらいいかを常に考えていました。そんな中、YouTubeやインスタグラムでミニマリストの方たちの投稿で、「ものを減

らして楽になった」「ミニマルな暮らしになってストレスが減った」という言葉を、たびたび目にするようになりました。

ものを減らすだけでそんなふうになるのかなぁ?と、最初は半信半疑でした。けれど、なんでも試してみなければわからないもの。ですから、まずはやってみることにしたのです。余裕がある時にのんびりと、押し入れやキッチン、リビングなどのものを手放すようになりました。無理はせず自分のペースで、不要だなと思ったものを地道に処分していきました。

そうするうち、**以前に比べてストレスが減っていることに気がつきました**。また、最初の目的だった「目から入る情報を減らす」ことを実現できただけでなく、結果的に家事の手間も減り、暮らしがとても楽になりました。

そして三つ目は、シンプルな暮らしをすること自体が単純に楽しかったから。

シンプルな暮らしをする前は、「面倒臭がりな私には、そんな暮らしは無理!」と思っていました。けれど、引越しや日々のストレス軽減のため、「とりあえず、やってみよう」という感じで始めたところ、それが意外と快適だったのです。**気持ちもすっきりとして、面倒なことも減って……それが心地良いので、今も継続できています。**

# 一気に変えようとせず、自分のペースでコツコツ手放す

個人的に、捨てる作業は、マイペースにのんびり行うのがいいなと思っています。

私は「ものを減らそう！」と決めた後も、一気に片付けるということはありませんでした。部屋の中をボーッと眺めてみたり、引き出しの中を全部出してみたり。そんな風に探していると、何年も使っていないものや、どうして購入したのか思い出せないようなものまで色々出てきます。そんなものたちを、焦らずのんびりと捨てていきました。

何事も、無理にやろうとすると息切れしてしまうもの。ですから気乗りしない時は作業せず、やる気が出た時に取り組むことが多かったです。または、雨が降って外に出るのが億劫だなと感じた日に、「今日はこの小さなスペースだけやろうかな」と決めてみたり。そんなふうに「コツコツ手放し」を心がけていました。

捨てる／捨てないの判断は、意外と疲れるものです。あまり自分を追い込まず、気長に行うのが個人的におすすめです。

## 「あった方がいい」は思い込みの可能性も

一番最初に手放したものはソファでした。

引越当初は、小さめの二人掛けのソファを持っていました。その時期はまだ、リビングにたくさんのものが置かれていた頃。捨てられるものはないか、家中をチェックしている時でした。

そのように「あるのに使われていないもの」を探している時に、ふと誰もソファを使っていないことに気が付いたのです。我が家はリビングが畳だからか、主人も私も、ソファを使わずに畳に座っていました。これなら、もしかして手放しても問題ないのでは?と思い、思い切って手放してみることにしたのです。

案の定、手放しても困ることなく、畳に座って生活しています。今思うと、「あった方がいい」という思い込みがあったのかもしれません。

私が手放したものリスト（一部）

- ソファ
- オットマン
- ローテーブル
- ジョイントマット
- シンク下の収納ラック
- リビングのゴミ箱
- グラタン皿
- グリル皿
- 蒸し器
- ミキサー
- 泡立て機
- 布団
- サニタリーボックス
- カレンダー
- 着ない服

パソコン部屋から見たベッドルーム兼リビング。日当たりが良く、晴れている日は明るい日差しに包まれます。

パソコン付近。パソコンをする時は、右のスツールにマグカップを置いて飲んだりしています（パソコンのそばに飲み物を置くのが怖いので……笑）。

## ものを手放したら、本当に大切なものや人が明確になった

ミニマリストになって、様々な変化があったと感じています。

一つ目は、掃除がやりやすくなったこと。私は本来、とても面倒臭がりやな性格で、許されるならずっとゴロゴロしていたいと思うような人間です。それでいて、落ちた髪の毛やほこりは気になってしまうタイプ。もっと掃除が楽にならないかな……と、いつも考えていました。

この小さな、でも確実に日々ストレスを生んでいた悩みは、シンプルな暮らしにシフトするうち、いつの間にかあまり感じなくなっていました。例えば、机の上にものをたくさん置いていると、机を拭く時に邪魔になりますよね。でもそれをなくせば、スムーズに机を拭けるようになります。**ミニマリストになるということは、こういうちょっとしたストレスの軽減が、お部屋のあちこちで叶うということ。**今では、掃除にかかる時間もストレスも、ぐんと減りました。

気持ちにも変化がありました。一言で表すと、ものへの執着が減り、こだわりが強くなりました。それまでは、「なんとなくいいな」という、ふわっとした気持ちでものを買ったり、持ったりしていました。それをやめて、本当に必要なもの、気分が上がるものだけを所有するようにしたことで、

「持っていたい」という執着が減ったように感じています。

また、「自分にとって大切なもの」の基準が明確になり、こだわりが強くなりました。そうすると、自分が求めるものと、お店にあるものが簡単にはマッチしなくなります。これをデメリットだと感じる方もいらっしゃるかもしれません。けれど、**身の回りには本当に好きなものしかなくなっていくと同時に、自然とものが増えにくくなり、すっきりとした生活が送れるようになったので、私にとってはメリットの方が大きかったです。**

ものだけでなく、実は人間関係もいくつか手放しました。付き合っていてどこか辛い気持ちになる方や、自分が無理をしてしまう方とはさよならをしたのです。

この行動を起こすのはとてもエネルギーがいることですし、すんなりとは離れられない場合もあるかもしれません。ただ、個人的にはそれでも手放してよかったと感じています。なんとなくでも胸にもやもやがあるような関係は、自分にも相手にも良い関係とは思えないと思うのです。

さよならした後の一番の発見は、「意外とひとりの時間も楽しい」ということでした。また、そうやって好きなことを楽しんでいるうちに、新しく素敵な関係もできました。

**お部屋の窓を開けて換気するように、人間関係もたまには換気する必要があるのかもしれません。**

ここで毎朝、全身のコーディネートをチェック。鏡の横に置いてあるサイドテーブルには、アロマなどの小物を置いています。どれもお気に入りのものばかり。

お気に入りのペンダントは、母からもらったもの。お出かけの時によくつけています。デザインも好みなので大切にしています。

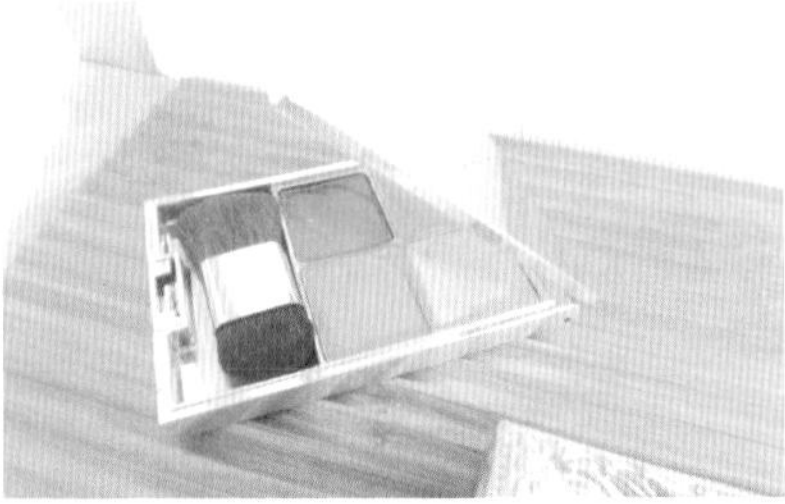

コスメが好きなので、持っているアイテムはすべてお気に入り。中でもイプサのフェイスカラーは特に愛用しています。これひとつでチーク・ハイライト・ブレンディング・シェーディングをこなす、優れものです。

# 無理に手放さず、「好き」が溢れるお部屋をつくる

色々なものを手放してきましたが、好きなものは手放さないことにしています。なぜなら、好きなものって、見ているだけで無条件に気持ちを上げてくれるから。そういうものってあまり多くはないと思うのです。ですから、たとえ現実的な生活にはあまり活用できないとしても、大切にしています。

私はゲームや漫画、カメラが趣味なので、これらは手放しません。また、友達からの手紙、自分で撮った写真、旅行先で購入したもの……、こういった思い出の品も大事にとっておきます。もちろん場所はとりますが、これらは私にとって、見ているだけで気持ちが高まるもの。何者にも代えられないものなので、ずっと大切にしていくつもりです。デジタル化も考えたのですが、手にとって見る時間が私の幸せなので、そのままの形で保管する方法に落ち着きました。ただ、制限しないと増えていく一方なので、「このケースに入る分だけ」などと決めています。

カメラが大好き。かさばるものですが、生活を豊かにしてくれるので手放しません。

## まずは実験してみる。そんな小さな一歩からでＯＫ

ものを捨ててすっきりさせたいけれど、どこから手をつけよう……と、困惑してしまうこともありますよね。

私がおすすめしたいのは、ごく小さなものから捨ててみること。例えば、不要な文房具や、溜まったレシート、使わないポイントカードなどの処分は、ソファやベッドなどに座ったままできるので、ハードルが低めです。逆に服やキッチン用品だと、立ったりしゃがんだりする動作が多くて、やる前から嫌になってしまいませんか？　小さなものだとその手間が省けるので、はじめの一歩にちょうどいいと思っています。

**小さなものを捨てているうちにやる気スイッチが入って、モチベーションが上がってくることもあります。**そんな風に、もう少しやってみようかな♪と思った時はチャンス。動作が多くなりがちな、服やキッチンとも向き合ってみると、意外にもスピーディに動けたりするかもしれません。

ミニマリストになることを大それたことと捉えず、ゆるい気持ちで向き合っていくのがコツかなと思っています。どれだけ心のハードルを下げられるかが鍵となるように感じます。

IKEAで購入したこのカゴは、「とりあえずボックス」と名付けています。その名の通り、片付けが面倒な時に、「とりあえず」でものを入れておくもの。余裕ができた時に、この中のものを定位置に戻します。このひと工夫で、ちょっと疲れている時でも、部屋が荒れることはありません。

コート以外の服は全部このラックに掛けています。靴下や下着は左のケースに収納しています。服は気がつくとどんどん増えてしまうので、新しい服を購入する時は、手放す服をある程度決めてから買物に行くようにしています。ちょっとしたことですが、それが増え過ぎ防止につながっています。

ものを捨てるかどうかも、急いで決める必要はありません。手放し作業を進めていると、本当に捨ててしまっても大丈夫なのか、心配になることがよくありました。そんな時に私がやっていたのは、「手放す実験」です。これは、捨てるか迷ったものを手放したつもりになって別の場所にしまっておき、そのまましばらく生活するというもの。**手放したつもりで生活してみて、やっぱり必要だと思ったらもとに戻し、使わなければ手放します**。

今、我が家のゴミ箱はキッチンと洗面所にだけあります。少し前までは、リビングとパソコンコーナーにも置いてありましたが、この実験の結果、なくても問題なく暮らせることがわかったので手放しました。

しばらくなしで暮らしてみても支障がなければ、安心して手放すことができると思います。

また、個人的に効果があったと感じるのは、**持ち物の個数を数えてみる**こと。

私は今持っている服（外で着るもの）の数をカウントしたら、全部で30枚でした。こんな風に持っているものの数を把握しておくと、それが自分の中での、ひとつの基準値となるように思います。

# ストレスを感じる時間を短くして、自分に無理をさせない

ミニマルな暮らしを意識するようになってから、自分にストレスを与えるものも意識的に手放すようになりました。

「ストレス」と聞くと悪い印象を抱きがちですが、楽しいことでもストレスになることがあるそうです。その話を聞いてからは、どんなに気持ちが高まることもストレスになっていそうと感じたら、意識的に控えめにするようにしています。

例えば、友達との遊びや電話はとても楽しいものですが、年齢を重ねるごとに、長時間は体力的にもきつくなってきました。そのため、以前よりは電話の時間を短くしたり、会う回数を減らしたりするように。寂しい気持ちがないと言えば嘘になりますが、無理をしてまで楽しんで、疲れてしまっては本末転倒かなと感じるので、今はこのスタイルです。

最近、押し入れの中に趣味用の作業スペースを作りました。秘密基地みたいでちょっと楽しいです。こんな一人時間も今はお気に入り。

# ミニマルに暮らすことは、徹底的に自分を大切にすること

シンプルな暮らしをするようになって、たくさんの素敵な変化がありました。

まずなんといっても、日々リラックスして過ごせるようになったこと。**いらないものを削ぎ落とし、すっきりと整えた部屋は、私にとって最高の空間に。**たくさんのものを持っていた時は、リラックスできてはいても、その度合いは最大限ではなかったように感じます。ものを少なくしたことで、心からくつろげるようになりました。

ただ、無理にものを減らそうとする必要はないと思います。なぜなら、ベストな持ち物の量は、人それぞれで違うから。誰かと比べず、誰かと合わせず、「自分にとってちょうどいい」ものの量を見出すことができれば、それが最高の空間づくりにつながっていくのだと思います。

そして、自分の「好き」を改めて知ることができたのも、この暮らしがもたらしてくれた素晴らしい恩恵。手放す／手放さないの判断を積み重ねていくことで、自分にとって本当に必要なもの、お気に入りのものが明確になりました。だから今では、**部屋じゅうに私の「好き」が溢れています。**疲れている時も、目の前に好きなものがあるからか、以前より回復が早いように感じます。

そして、このミニマルライフを通して、無理をすることが減りました。

以前の私は、自分のキャパを超えているにも関わらず、無理をしてしまい、潰れていました。今でもつい頑張りすぎてしまうことはありますが、この暮らし方になってから、キャパオーバーでダウンしてしまう回数は、格段に減りました。それはきっと、**自分に負担がかかるものを手放すことで、家事も生活も楽になった**から。合わない人間関係も手放したことで、ストレスがぐっと減りました。

**ミニマルな暮らしとは、徹底的に自分を大切にする暮らしのこと**だと思います。仕事でもプライベートでも、無理することはとても危険なことです。自分に合わないものは勇気を持って手放すとともに、頑張った時はいつもよりたくさん休んで、自分を労っていきましょう。

# ものを手放すうち、「足りないものは何もない」ことに気づいた

minimalist 06

## 小菅彩子

data

年齢：30代

家族構成：二人の子どもと三人暮らし

@ayako.kosuge.official

アパレル専門学校卒業。アパレル業界に携わりながら、30歳の時に二人目を出産したことを機にミニマリストに。ミニマルマインドを反映させたアパレルブランド「AYAKO KOSUGE」を立ち上げたほか、SNS発信者のためのオンラインサロン運営などマルチに活動中。

間取り：2LDK

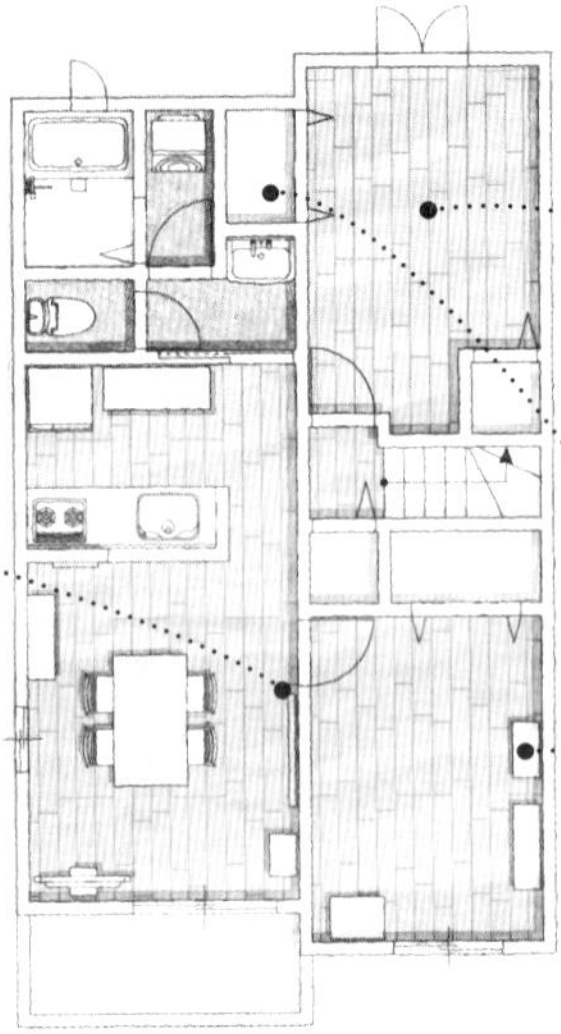

業務用のホワイトボード。その日のタスクや、思いついたアイデアをすぐに書き込みます。

ベッドを手放したことで『何もない部屋』に。一人この部屋にこもって本を読む時間は至福。

私の服はここへ。このクローゼットに収まらない量の服は持たないようにしています。

子ども部屋には、おもちゃ棚は一つ。ものが少ないので、子どもたちとごろごろと過ごせます。

## ものを手放したら、自分の「幸せ」が見えてきた

私はアパレルの専門学校を卒業した後、都内で5年ほど、アパレル販売スタッフとして働いていました。24歳で結婚、26歳で出産。その間は仕事を辞め、家事、育児に追われる日々を過ごしていました。

27歳の時に、「そろそろまた働きたいな」という気持ちが強くなり、アパレル通販会社に入社。その会社では、インスタグラムのマーケティングを担当しました。

久しぶりに外で働く日々は、本当に新鮮な感動の繰り返し。家族以外の人に会い、お客様と関わる日々は、私にとって社会との繋がりを強く感じられる、かけがえのない時間でした。

再就職をして2年半の間、がむしゃらに働いていた私。2人目の産休に入った頃、ふと家の中を見渡してみると、あまりの散らかりっぷりに愕然としました。それまで仕事に夢中になりすぎるあまり、家の中がまるで見えていなかったのです。どこに何があるのかわからないストレスと、ものが散乱している部屋にいることへの不快感……これから出産を控えているというのに、ぐちゃぐちゃな部屋の中、私の心も乱れていきました。


ちょうどその頃、会社でインスタマーケティングを担当していたこともあり、私は自分のインスタグラムを開設しました。何について発信しようかなと考えた時、当時、ミニマリストの方々の投稿をよく見ていたことと、この雑然とした部屋をどうにかしたい、という思いとが相まって、私がミニマリストになる過程を届けてみよう！とひらめいたのです。

それからは、「インスタに投稿するために、今日はどこを片付けようかな」という逆算的な思考で、ものを手放していきました。家を片付ける中で思いついたライフハック、ふと湧き上がったミニマルマインドなども発信し続けました。

インスタグラムの発信に力を入れるほど、それに比例するように、家の中のものは減り、すっきりとしていきました。それは、私の頭の中も同様でした。**ものが減り、部屋の中が整えられていくほどに、どんどん思考がクリアになり、感覚が研ぎ澄まされていくのを感じました。**

やがて、あれだけ大量のものに囲まれていた生活から一転、私はミニマリストになりました。ずっとアパレル業界に勤めていたこともあって、服の数は尋常ではありませんでしたが、今では手持ちの服は、オールシーズン通して20着程度。数は減ったものの、一着一着を大切に着ようという意識が芽生え、満足度は大きく上がりました。

本がいつでも手に取れるよう、本棚はリビングに。
縦長の本棚なので、床面積をとりません。

## 過去の服を手放せば、今の自分に集中できる

今でこそ、心からミニマリストになってよかったと思っていますが、その過程の中では、ジレンマを感じることもありました。

服が大好きな私は、長くアパレル業界で働き、たくさんの服を売ってきました。

渋谷109で働いていた頃などは、セールの時期になれば、「服2点目以降○%オフです！」などと声を張り上げて懸命に接客。とにかくたくさんの服を買っていただくために、努力を重ねてきました。

アパレルで働いていた頃は、担当ブランドの服が売れれば売れるほどに、私の物欲も掻き立てられていました。社員割引を活用してたくさんの服を買い、気付けば手元には、200着以上の服がありました。

30歳の時、2人目の産休に入ってずっと家にいるようになると、実はそんなにたくさんの服は必要ないということに気がつきます。

そこで、「もう着ないな」と思った服はとにかく手放す作業を始めましたが、「服をたくさん売っ

てきた私が、今、たくさんの服を捨てている」という現実に、一時、自己嫌悪に陥ってしまいました。
けれど、徐々に育まれつつあったミニマリスト精神が、「今に集中して生きる」ということを私に教えてくれました。**大切なのは、「過去がどうだった」とか、「未来がこうなるかもしれない」とかではなく、「今、どうなのか」ということ。**そのことに気がつけた私は、過去を振り返ることなく、未来を心配することもなく、今、自分に必要のない服を手放していくことができました。

**過去の服を手放していくうち、今の自分が研ぎ澄まされていく。**いつしか、そんな感覚すら抱くようになっていきました。そして、今後また服を販売する仕事をすることがあっても、今の自分のミニマルマインドを忘れずにいたいという思いから、かつての売り方とは真逆のファッションブランド、「AYAKO KOSUGE」を立ち上げました。

クローゼットを開けて右側の壁にはコロコロと服ブラシを掛けています。そして扉の取っ手が、服にかけるスプレーの定位置。こういった道具は導線にないと使わないので、どこに配置するかが大切です。

## 大切なものは、捨てなくていい

ものを手放す生活にシフトし、「今必要ではないもの」はなんでも潔く捨てられるようになった私にも、いくつか捨てられないものがあります。

その一つが、娘の長靴。

娘は現在3歳で、2歳になりたての頃から保育園に通っていますが、1年以上経っても、毎朝行きたくないと大泣きしていました。

一体いつになったら、泣かずに行ってくれるようになるんだろう……と悩んでいたある時、保育園の帰りに近くのショッピングモールに立ち寄り、娘に長靴を買ってあげたのです。梅雨に入る前だったので、そろそろ買っておかないと、と。

それはカラフルな水玉模様の長靴で、1、000円もしない安いものでしたが、娘は可愛らしいデザインを大変気に入ってくれたようで、「明日、保育園の先生に見せる！」と言って大はしゃぎしていました。

そして次の日、本当に、初めて泣かずに登園できたのです。

玄関で長靴を脱いだら、それを手に持って教室まで進んでいき、「先生、おはよう。みてみて！　ながぐつ！　かわいいでしょ」そう言って嬉しそうに長靴を見せると、そのまま振り返って私を見て、「ママ、バイバイ！」と笑顔で言ってくれました。

このことが本当に嬉しくて、娘が初めて泣かなかった日、車の中で一人、私の方が泣いてしまいました。

「思い出は心の中にあるから、思い出の品はなくてもいい」なんて言うこともある私ですが、この長靴は、どうにも捨てられそうにありません。

捨てられないものの一つが、この娘の長靴。娘の成長と嬉しそうな笑顔を思い出す縁として、大切にしていくつもりです。

## ものが減れば、自然と家事も減っていく

身の回りの「当たり前」を疑うことで、生活は変わっていくと感じています。

例えば、バスマット、トイレマット、洗面台前のマットなどといった、水周りに置くマット類。洗濯する際にもかさばるし、乾きにくい……不便だなと思いつつ、当たり前のように使っていましたが、ミニマリストになるプロセスの中で思い切って手放してみたところ、なんの不自由もありませんでした。

むしろ、洗濯物は減る、床掃除はいつでも思い立ったらできる、と良いことずくめ。ないほうが圧倒的に快適だったのです。

また我が家では、バスルームにはあるのが一般的な、湯船のフタも使っていませんが、こちらについても、一度も困ったことがありません。むしろ、湯船の掃除も楽にできますし、意外と労力のかかる「湯船のフタ掃除」という家事ともおさらばできました。

「あって当然」という常識を疑ってみると、実は不要だったものに気がつくかもしれません。

バスルームのポイントは「直置きしない」こと。賃貸のため、備え付けの棚は取り外しできませんが、そこには何も置いていません。湯船のフタも手放しました。

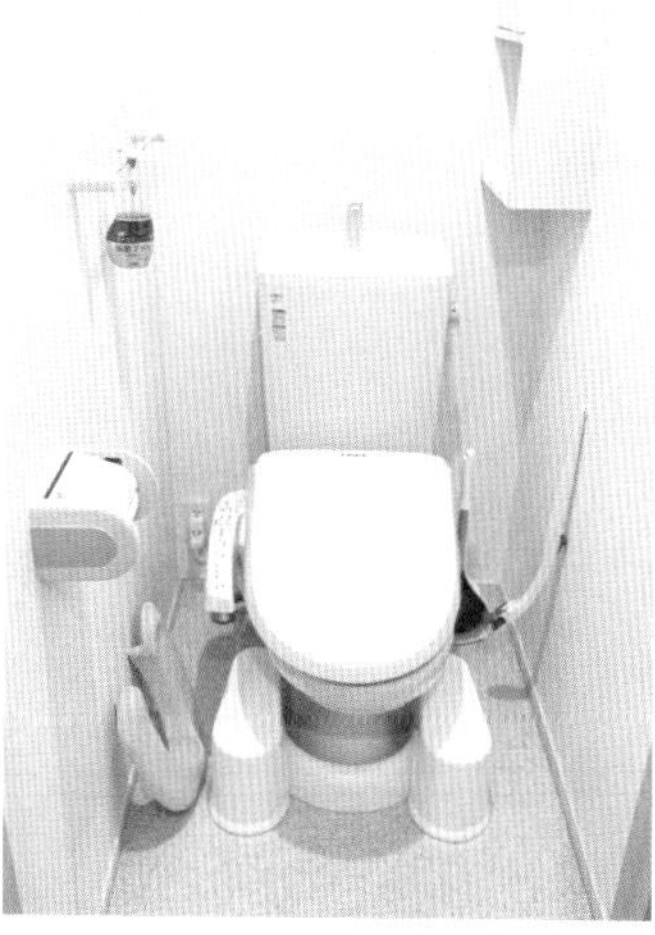

トイレマットや便座カバーは使っていません。掃除が楽で、洗濯物も減って快適です。

洗面台周りにもできるだけものを置かないようにしています。

# 家事がぐっと楽になる、お利口アイテムと収納のコツ

キッチンに限ったことではありませんが、なるべく「浮かせる」「掛ける」収納を意識しています。そうすると汚れもつきにくく、掃除もしやすくなります。

キッチン用品は、100円均一で購入した透明のフックに掛けて収納。使いたい時にすぐに使えるので、引き出しの中にしまうより効率的です。使う前にはさっと水洗いしています。

1日の終わりにキッチンリセットをしたら、五徳もそのまま、壁の大きめのフックに掛けてしまいます。ガス周りがすっきりすると同時に、心もすっきりします。

食器は、ミニマリストインフルエンサーおふみさん（@ofumi_3）が以前インスタグラムで紹介されていた「応量器」を愛用中。応量器とは、禅宗の修行僧が使用する食器のことで、私が使っているのは、その家庭用のもの。醤油皿サイズからどんぶりサイズまで、異なる大きさの6種類の食器を、まるでマトリョーシカのようにコンパクトに重ねられます。用途に合わせて選べるサイズが揃っていて、収納の場所もとらないアイテムなので、小さな暮らしにおすすめです。

100円均一で買えるクリアフックを取り付けて、キッチン用品を掛けています。大きめのフックには五徳を。ガス周りの掃除がいつでもしやすくなるので、おすすめです。

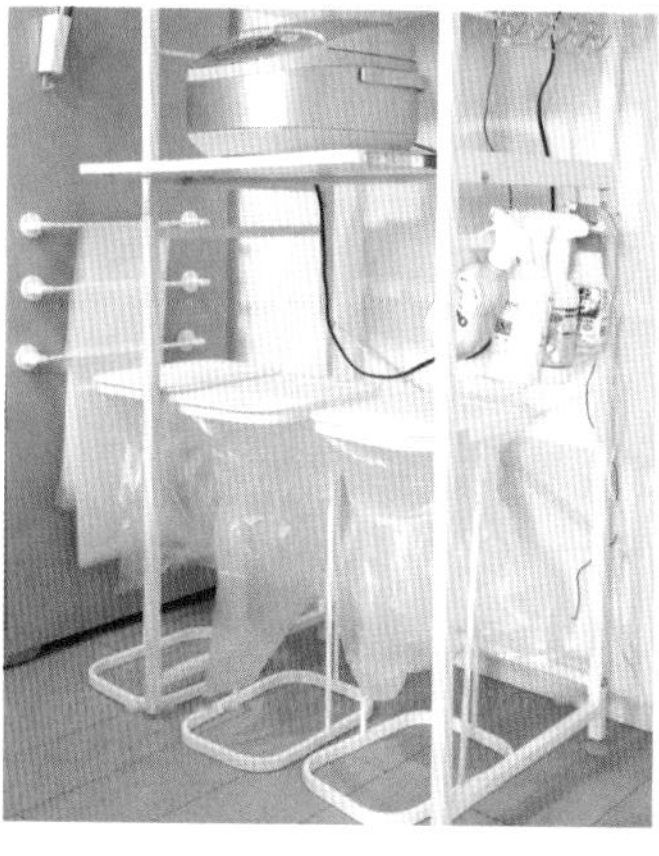

ゴミ箱洗いという家事から解放させてくれるゴミ箱。もはや箱になっていないので、フタの汚れをさっとウタマロを使って拭き取るくらいでＯＫ！

「応量器」という、禅宗の修行僧が使用する食器が家庭用に作られたものを愛用しています。6種類の器を重ねてコンパクトに収納できるので、収納スペースを削減できます。

## 「これしなきゃ」に捉われず、子どもと一緒に成長する

「自分はお母さんなのだから、しっかりしなきゃ！」と気張らないようにしています。

というのも、私自身の中身が子どもっぽく、本当に抜けた性格をしているから。息子の方がよほどしっかりしていて、「ママ、明日お弁当だからね」「あ、忘れてた！　大変！」といった会話もしょっちゅう繰り広げられています。

また、最近、心に余裕がないなと思っていたら、急に3歳の娘が「ママ、わらって」と言ってきて、ハッとさせられたりすることも。子どもって、大人が思うほど子どもじゃないんだな、と日々感じています。

ですから、「ちゃんと子育てしなきゃ！」とか「いろんなことを教えなきゃ！」という気持ちはあまりありません。日々一緒に成長させてもらっている、という感じなのです。

元旦那とは私が33歳の時に離婚しましたが、週末はよく子どもたちを公園へ連れて行ってくれたり、たまに4人で外食したり、今になってやっと、お互い穏やかに子育てできています。

「子育てはこうあるべき」に捉われない。そんな毎日が、私の理想です。

おもちゃ棚が一つ減り、床面積が広くなったことで、
子どもたちものびのび遊べるようになりました。

## 子どもたちの声とともにつくるキッズルーム

子ども部屋にあるおもちゃ棚は一つ。もともとは二つあったのですが、娘と息子に、おもちゃ一つひとつを「これいる？」と聞き、「いらない」と答えたものを手放したところ、量がぐっと減り、おもちゃ棚一つとさよならすることができました。

3歳の誕生日に娘にプレゼントしたのは、段ボールでできたキッチン。木でできた本物のようなキッチンも素敵ですが、手放しやすさを考えて、我が家ではこのキッチンを選択しました。

子どもが生まれる前に趣味で作っていたフェルトのドーナツ。意外とこれが3歳の娘の一番お気に入りのおもちゃです。材料はすべて100円均一で揃います。「フェルトドーナツ　作り方」でYouTubeで検索すると、作り方がたくさん出てきますよ。

## 学習机は置かず、リビングで勉強

息子が小学生になる時、購入しようかどうしようかとても悩んだのが、学習机です。

本当に必要？と自分に問いかけ、息子にも聞いたりしながら考えた末、我が家では購入しないという選択をしました。

息子はリビングのテーブルで勉強していて、今のところ不自由はありません。いつかもし自分の部屋や机が欲しいと言ってきたら、その時に、本人が気に入った机を購入しようと思っています。

子ども部屋にあるクローゼットには、子どもたちの服のみ収納。ハンガーを掛けている上のポールは元々取り付けられていたものですが、下の段のポールは、太い突っ張り棒を楽天で購入しました。

学習机がないぶん、教科書やランドセルなどを収納する棚を購入。学校で必要なものだけをしまうようにして、いつでもすっきりさせています。

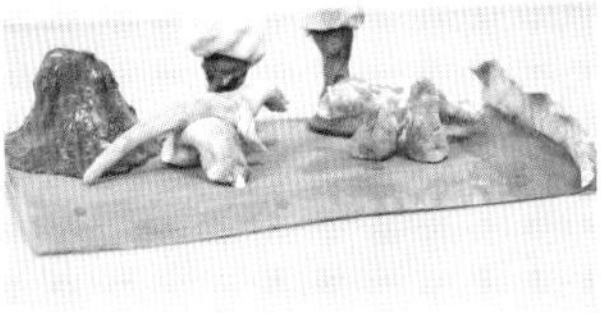

恐竜が大好きな息子の、夏休みの工作。板の上に砂を敷き、その上に紙粘土で作った恐竜を２体。火山や海など、細かいところにもこだわったようです。これもなかなか捨てられません（笑）。

段ボールでできたおままごとキッチンは、娘の３歳のお誕生日プレゼントに楽天で購入。持ち運びも、いつか卒業する時の処分も楽ちん。

思い切ってベッドをなくしたところ、いろいろなことに使える「多目的ルーム」が誕生。

## ベッドを手放したら生まれた、「何もない部屋」

賃貸の2LDKアパートに住んでいますが、小さな子どもたちとの3人暮らしだと、主に過ごすのはリビングとその隣の子ども部屋。もうひと部屋のここには、かつてベッドを置いていましたが、どうしても「寝るだけの部屋」になってしまっていたので、思い切ってベッドを手放しました。

すると、YouTubeの撮影ができたり、子どもたちと寝そべって遊べたり、ひとり寝転んで読書できたりと、部屋の使い方は無限大に。何もないこの部屋にいると、思考もクリアになるのを感じます。

そして一番良かったと思うのは、掃除のしやすさ。今まではベッドの下や壁との隙間には、ちょっと見ない間に信じられないくらいホコリがたまってしまっていたけれど、それがなくなり、いつも快適に暮らせるようになりました。

手放したベッドの代わりに、今は、三つ折りマットレスを敷いて寝ています。

その名の通り三つ折りなので、ぽんぽんとリズムよく簡単に畳むことができます。いつも同じサイズに収まるので、布団のように畳む幅を気にする手間から解放されました。

天気が良い日はベランダのそばに置いて日光を当てたり、湿気が気になる季節には、サーキュレーターや扇風機で風を当てて乾燥させたりすることもできます。

自分の中の「本当にいる？」という声に従ってみたら、心地よく暮らせるようになりました。

ベッドを手放し三つ折りマットレス生活に。
立てれば、湿気飛ばしも簡単にできます。

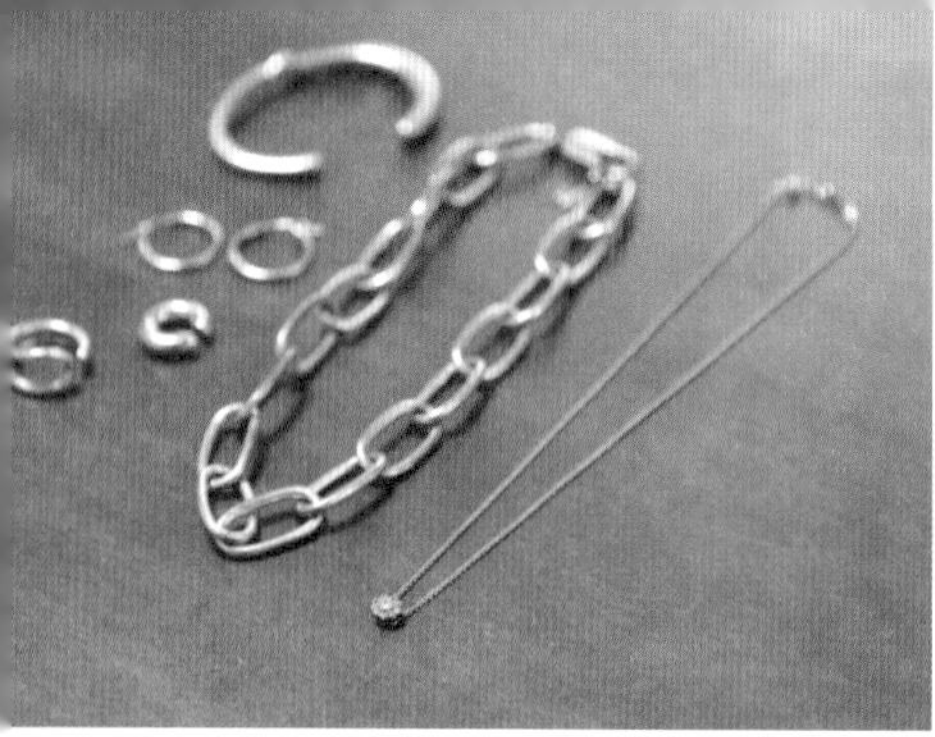

持っているアクセサリーはこれがすべて。基本「週7」で毎日同じアクセサリーです。ピアスはLesBlissさんのフープピアス。お値段は1万円前後とお手頃なのに、黒ずまなくて気に入っています。

## 「服はあるのに着る服がない」から抜け出すことができた

長年アパレル業界に携わっていた私。気がつけば服の量は尋常ではないことになっていました。「毎日同じ服は恥ずかしい」と思い込み、今思えば「買いたい」よりも「買わなきゃ」の精神になってしまっていたのかもしれません。「毎日違う服を着なきゃ」——誰に言われたわけでもないのに、勝手に自分にそんな呪いをかけていました。

**けれど、毎日あれこれ服を変えていた私はきっと、自分らしさを見失った、誰の印象にも残らない人だったのだと思います。**

今は私服を制服化させ、夏はコットンのTシャツにデニム、冬はニットにデニムというほぼ決まったスタイルで過ごしています。

毎日同じような服を着ていることで、不思議なことが起きました。「小菅さんといえば」という感じで、私のことを覚えてくださる方が増えたのです。

また、いつも同じ服を着ることで「一貫性のある人」という印象にもつながったようで、SNSでの発信内容も相まって、ブレない強い人、と思っていただけるようになりました。実際はメンタルがぐらついてしまう時もたくさんあるのですが（笑）。

服を減らし、本当にお気に入りのものだけに厳選したことで、私には、かつての「たくさんの服を持ち、毎日違う組み合わせで着る人」から、「少しの服を同じ組み合わせで着る人」という、まったく違うイメージが定着。それがとても心地良く、嬉しいのです。立ち上げたファッションブランド「AYAKO KOSUGE」では、今の私の生活に馴染む服を販売していますが、ありがたいことに、たくさんのリピーターの方に支えていただくブランドに成長しました。

夏はコットンのトップスにデニム、冬はニットにデニムが定番スタイル。デニムはいつもmoussyで購入しています。朝、デニムを履くとスイッチが入ります。

夏のワードローブ。左から、黒の綿Tシャツ、白の綿Tシャツ、ニットのタンクトップ、ボーイズデニム、きれいめのベージュのパンツ。ボディバッグはAYAKO KOSUGEオリジナルのものです。白い綿Tシャツは同じものを5枚持っていて、毎日着まわしています。

冬のワードローブ。左から、ベージュのニット、レンガ色のニットカーディガン、デニム、パンツ(夏と同じもの)。ニットはどちらもAYAKO KOSUGEのもので、綿100%ニットにこだわって作っています。

# 私たちに足りないものなんて、本当は何もない

人は本来、自由であるはずです。

けれど、いつのまにか私は、「学校を出たら就職をして、それなりの年齢で結婚し、できるなら子どもを持ち、サラリーマンの夫と、自分はパートで家計を支えながら地元に戸建ての家を購入し、老後までそこで安定した生活を送る」……、そんな人生を歩むことが幸せなのだと思うようになっていました。自分の育ってきた家庭が、そんな家庭であったことも、大きいのかもしれません。

ただ、今の私は、離婚し、フリーランスとして仕事をしながら、子どもたちと3人で賃貸2LDKアパートで生活しています。

いつか子どもたちが大きくなって私の手を離れたら、一人ふらふらと風のように住まいを変えて生きていきたい。そんな夢があります。

かつての私が思い描いていた「幸せのかたち」とは大違いのはずなのですが、でも、今、とても幸せです。

ヘアアイロンは「絹女」の超ミニアイロンを愛用。常にショートヘアの私には、コンパクトなこのアイテムが合っています。朝はさっとアイロンして寝癖を直したら、ワックスでまとめておしまい。ヘアセットは５分程度で終わります。

ミニマリストになり、気づきました。人は、生まれた場所で死ぬ義務も、生まれた環境のままに生きていく義務も、ないのだと。

荷物が多すぎてまったく身動きが取れなかった私が、無駄なものやマインドを捨て去ったことで、身も心も本当に軽くなりました。

かつての私はずっと、言い訳ばかりしていました。

私は頭も要領も良くない。特別美人でもない。お金もない。ない、ない、ない――。ないものばかりを探していました。

けれど、ものを減らしていくうちに、それ

が変わっていきました。ものを一つ手放すたびに、心の重荷がなくなっていきました。そして、ものを減らすという、ただそれだけのことができただけで、「やればできるじゃん、私！」と、自信を持つことができるようになったのです。

**多すぎたものたちがなくなり、視界が開け、部屋にも心にも光が射してきたようです。そしてだんだん、「何もない」と思っていた自分には、「全部、ある」のだと思えるようになりました。**

ここで、生きた時代こそ重なっていませんが、両手足がなくとも生涯自立した生活を送ったことで知られる、中村久子さんのことを少し、お話しさせてください。

彼女は3歳にして病気で両手足を失くします。決して裕福ではない家庭に生まれ、両手足を失くした彼女は母親からある日、着物をほどく仕事を任されます。

「両手足のない私にどうやれというのですか」そう言った久子さんに対し、母親は**「できないと思うからできないのです」**と言い放ちます。

そして彼女は口でハサミを持つことを覚え、とうとう着物をほどくという仕事が、何もない自分には絶対にできないと思っていたことが、できるようになるのです。

彼女は、両手足がないことを周りが忘れてしまうほどに、生涯自立した生活を送ったと言われています。

そして彼女は晩年、『あるあるある』という詩を遺します。その詩には、両手足のない自分だけれど、全部「ある」のだということが書かれています。

私はこの詩に感銘を受け、人生を支えてもらっているといっても過言ではありません。お金もない、両手足もない。今の時代と違って、世の中も豊かではない。そんな状況の中でも「すべて、ある」というメッセージを、時代を超えて届けてくださった久子さんに、心から感謝しています。

私たちの生きる今の時代は、本当に豊かで、なんでも「ある」時代です。

それなのに私たちは、気がつけば、自分にないものばかりを簡単に見つけてしまうのです。

ミニマリストという生き方は、自分に「ある」ものを見つける手段だと思っています。

本当に必要なもの、大切なこと。それらは、ものの量が多すぎるから見つからない。

今日食べるものに困らず、雨風をしのぐ家があり、自分を支えてくれる人や社会がある。それ以上の幸せが、一体どこにあると言うのでしょう。

私たちに足りないものなんて、きっともう、ない。

大切なものたちはあなたのすぐそばで、あなたに見つけてもらうのを、きっと、ずっと、待っています。

機能性重視な我が家の中で、唯一のおしゃれ（?）コーナー。棚の一番右には、「今読んでいる本」を数冊置くようにしています。

業務用の大きなホワイトボードをリビングに。子どもたちがお絵かきをして遊ぶことも。1日のタスクや、ひらめいたアイデアはすぐにここに書き出します。

# 自分の「好き」を積み重ね、幸せになれるものだけを身の回りに置く

minimalist 07

## よしかわりな

data

年齢：30代

家族構成：夫と二人の子どもと四人暮らし

@ rina_na444

「買物好き」からミニマリストになった主婦。なんとなくものを買ってしまう自分を変えたいという思いから、2018年に持ち物を8割ほど手放す。自分が心から好きなものを少しだけ持ち、小さく暮らすことを心がけている。

**間取り :4LDK**

キッチン本体はリフォームしました。収納スペースは少ないのですが、必要なものだけに絞れば大丈夫。

2階は寝室＆子ども部屋にする予定。家具はまだ置いておらず、これから作っていくのを楽しみにしています。

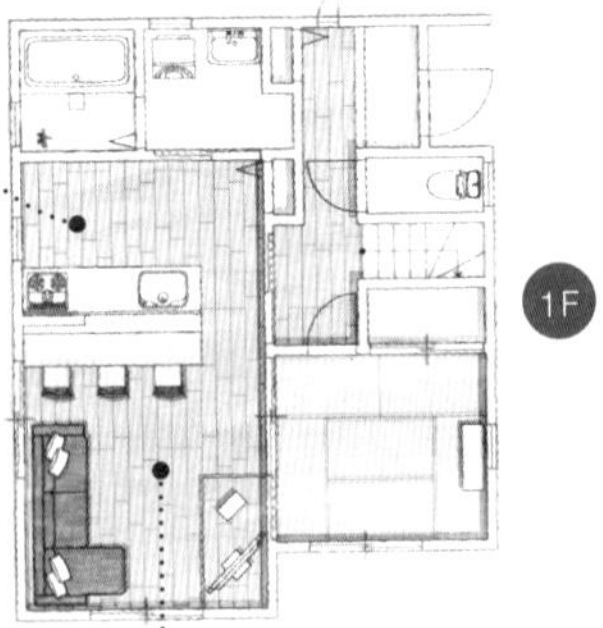


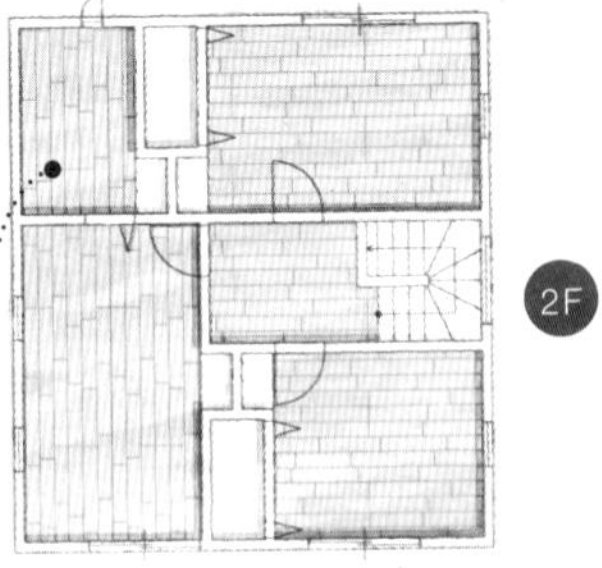


リビングは11畳で小さめ。食卓はテーブルではなく、カウンターにして、子どもが動けるスペースを確保。

ウォークインクローゼットには、服を詰めすぎないことが、今の私の小さなこだわりです。

# 「これで十分暮らしていける」と気づけたことが大きな分岐点に

私は結婚前、夫と3年ほど同棲していた期間がありました。その頃はお互い残業が多く、家の中を片付けないまま寝て、休みの日は溜まった家事に費やす……といった毎日。きちんと整理しようという気力も湧かず、目に付くものはとりあえずどこかしらに押し込むことで、視界から消していました。実際、引き出しや棚の中はごちゃついていましたが、その現実には気がつかないふりをしていました。

そんな生活の中でストレスを溜め込んでいたのか、当時の私は、お金を遣うことでそのもやもやを解消していたのだと思います。深く考えずに買物をすることも多く、ネット通販でも気軽に購入ボタンを押していました。

後先考えずにお金を遣っていたその頃の私は、「これからの暮らし」に目を向けることができていなかったのだと思います。

その後、結婚して子どもに恵まれ、産休を取ることになりました。

家で過ごす時間が一気に増えて感じたのは、ものが多い場所で過ごすことの居心地の悪さ。溢れ

**るものたちにため息が出るような暮らしを変えたくて、どうにか住まいを快適な場所にしようと思ったのです。**

子どものアイテムがどんどん増えていく中、私はまず、自分の持ち物を減らすことで家のスペースを確保しようと思いました。

そして自分のものを「これはいる」「これはいらない」と選別していくうちに気がついたのは、「いる」と思うものは、実はそんなに多くなかったのだということ。手元に残った少ないものたちを見つめながら、「今までたくさんのものを買ってきたけれど、意外とこれだけで暮らしていけるのかもしれない……」と感じました。そこから、「持ちすぎない暮らし」を意識するようになりました。

またその頃、ミニマリストすずひさんの『1日1捨　ミニマルな暮らしが続く理由』（KADOKAWA）という本に出会ったことも、大きな転機となりました。「**捨てることは生まれ変わること**」として不要なものをそぎ落とし、がらんとしたお家の中、少ないもの・少ない服で暮らしを楽しまれているすずひさんの姿にとても感銘を受けたのです。「私もこんな風に暮らしてみたい」と思い、本格的にミニマリストを目指すようになりました。

## ものを減らしていくうち、物欲はおさまっていく

私は、物欲はなくならないと考えていますが、ものを減らすことでその欲はコントロールしやすくなると思っています。

物欲というのは、「これいいな」「あれ欲しいな」とただただ思う、自分の素直な気持ち。ですから、その声に耳を傾けることは大切なことだと思います。けれど、そこに見栄や承認欲求が入ってきてしまうと、本当の自分の気持ちを見失ってしまうのではないかな、と感じています。

私にも、「人からよく思われたい」という気持ちや、見栄っ張りなところはありますし、なかなか変えるのは難しい部分もあります（笑）。けれど、ものを減らしていくうちに、「人から見た自分像」を重視するのではなく、自分の素直な気持ちにフォーカスできるようになってきました。

そのうち、「これが欲しい！」という感情の高まりは自然とおさまり、あるもので満足できる自分へと変化。気が付くと「これで十分なんだ」というミニマルな感覚を持つことができるようになっていました。

# ものを捨てることの大変さが、私の意識を変えてくれた

「ものを減らしたい」と強く思った頃は、まだ子どもが生まれたばかりの時期。あまり大がかりな作業はできなかったので、焦らず地道に、手放し作業を行っていこうと思い、「今日はキッチンのこの引き出し」「今日は洗面所の下の部分」……そんな風に、その日にチェックするところをピンポイントで決め、コツコツものを減らしていくことに。フリマアプリやリサイクルショップなども活用しました。

一番、大掛かりだったのは服です。自分が服を買いすぎているという自覚はあったので、服を手放す作業には特に力を入れ、大胆に行いました。方法は、思い切ってクローゼットから一度、すべての服を出し、いる／いらない／悩み中、の3つに仕分けること。

あまり飾らず、シンプルな空間を意識。日々使うものを少しずつお気に入りのものへシフトしていったことで、持ち物は少しだけでも、満足感のある暮らしになりました。

この仕分け作業の時には、深く悩んだり、損得で考えたりせずに、自分の直感で分類していくのがおすすめ。一旦悩み始めると、恐ろしく時間がかかってしまいますから……。意識的に、ぱっぱと行うように心がけることがポイントです。

この時、驚いたのが、「いいな」と思って買ったはずなのに、「いらない」に仕分けることになった服の量の多さ。「不要」と判断したものたちと向き合う時間は、私にとっては辛いひとときでもありました。「私はなんでこんなにいらないものを買ってしまったんだろう」と後悔しましたし、どんどん膨れ上がっていくゴミたちの処分も、決して楽なものではありませんでした。

けれど、この時感じた後悔、そして、ものを処分することの大変さを身を以て学んだことが、今の私に生きています。「もうあんな思いはしたくない」という気持ちが、ミニマルな暮らしの原動力になっているからです。

自分は、本当にこれを大切にできるのか、あっという間に不用品にしてしまわないか。何かを欲しいと思った時は、そんな風に未来を見据えて判断すれば、必要以上にものは増えていかないのだと実感しています。

## 「暮らしの割合」と基本のワードローブをリンクさせる

「可愛い！」と思って買ったものの、着ないままの服が多い……私にはそんな時期がありました。どうしてだろう？と考えて気がついたのは、自分が好きで買った服と、暮らし方とのバランスがとれていなかったということ。

特に20代後半から30代前半にかけて、転職や出産を経験し、フルタイム勤務から専業主婦になり……というように、暮らし方に大きな変化がありました。その変化に対応できるワードローブと、自分が欲しいと思った服とでズレがあったため、何を着ればいいのか、わからなくなってしまっていたのです。

そういった経験を経て今では、「欲しい」「可愛い」と思ったから買うのではなく、一度立ち止まって、自分の「暮らしの割合」を考えてから服の購入を検討するようになりました。例えば、

・お勤めをしている時……キレイめな服8割、カジュアルな服2割
・家事中心の暮らしをしている時……カジュアルな服8割、キレイめな服2割

といったように、**実際の暮らしと照らし合わせながら、必要なタイプの服を、バランスを意識し**

て購入しています。

こうして、自分の生活を思い浮かべながら買物するようにしたことで、手元にあるのは暮らしとリンクした服中心になり、毎日のコーディネートに迷わなくなりました。

春・夏・秋用の服たちは、ここにあるものと着ている服ですべて。

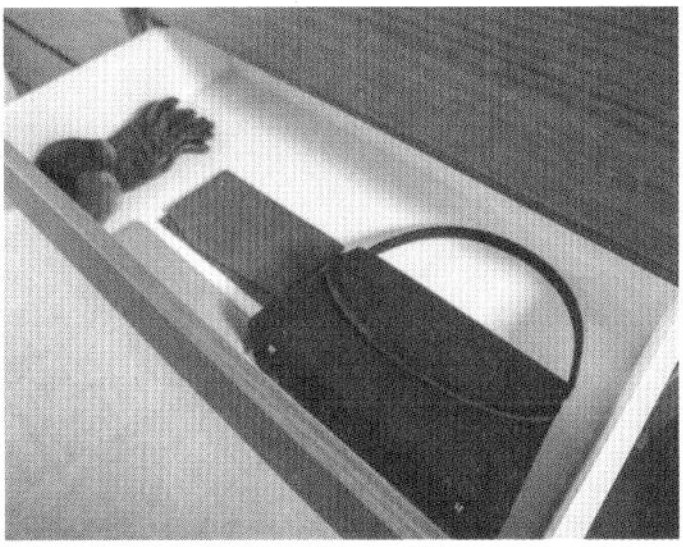

登場回数が少ないアイテムも引き出しに収納。冠婚葬祭用のバッグはしまむらで購入したもの。袱紗《ふくさ》は100円均一のものです。

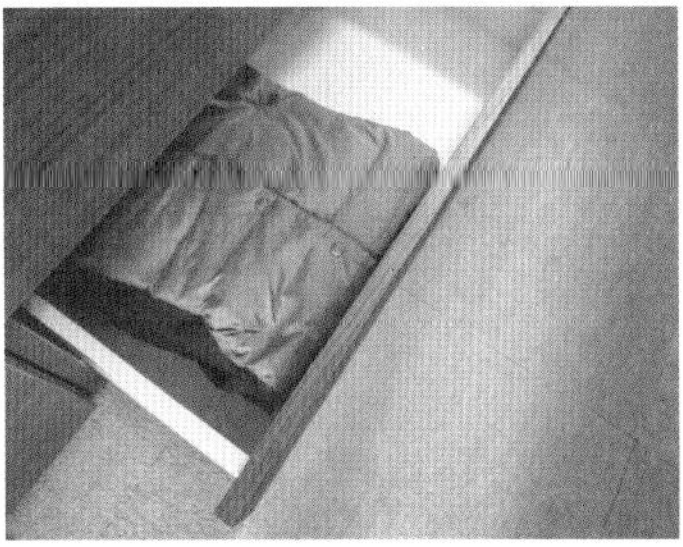

収納場所に悩みがちなものは、引き出しの中へ。持ちすぎない暮らしを意識していれば、衣替えもあっという間に終わります。

お気に入りを少しだけ。毎日着る服に悩まない安心感は、気持ちをとても穏やかにしてくれました。

## 毎回の買物は真剣勝負。だから少ない服でも満足できる

少ない服で飽きずにいられるかどうかは、どれだけその服たちに満足できているかどうかに比例するように思います。なんとなく買った服と真剣に選んで買った服とでは、その後の満足感がまったく変わってくるもの。だから私は、服を買う時はいつでも真剣勝負です。また、手持ちの服に飽きがきてしまうのは、もしかしたら服を買うこと自体を気分転換にしていたからなのかもしれません。一度、その気持ちを見つめてみることが大切なのではないかなと思います。

本当に好きな服だけを買って満たされていれば、毎日似たような服装の繰り返しでも、意外と飽きは来ません。私は最近では、「また来年も同じ服を着られるのが嬉しい」という気持ちにすらなるのです。

# 服が好きだからこそ、枚数を減らして楽しむ

たくさんの服を持っていた頃の私は、今思うと、それぞれの服と丁寧に向き合うことができていなかったのだと思います。よく着る服、滅多に着ない服、全部まとめてクローゼットに押し込んで、どこに何があるのかも把握できていませんでした。そして、「買ったのに着ない服」が家のどこかにあるということに、密かな罪悪感も覚えていました。

**服を減らした今では、本当に好きな服だけが、風通しのよくなったクローゼットに並んでいます。**以前は何がどこにあるのかが不鮮明でしたが、今は、すべての服の種類や居場所を自分できちんと把握しています。そして何より、「持っている服をきちんと使い切れている」という感覚が、とても心地よいのです。

また、以前は着まわしのしやすさを重視していましたが、ミニマルな暮らしになってからは、一着で複数の組み合わせを楽しもうとするのをやめました。それは、大好きな1パターンの組み合わせがあれば、十分満たされることに気がついたから。色々な組み合わせ方ができるかどうかではなく、「この組み合わせが好き！」という、厳選した1セットを意識して服を選ぶようになりました。

## プチプラ服を真剣に選ぶことの大切さ

少ない服で暮らすメリットの一つは、たくさんの服を所有する場合に比べ、単純に一着あたりの単価を上げられること。例えば、なんとなく1,980円の服を色違いで三着購入するのであれば、気に入った6,000円の服を一着だけ買う。そんな買い方ができるようになりました。**「それほど好きというわけではないけれど、お手頃だからとりあえず買っておこう」という買物を数回重ねるよりも、「本当に好きだから、ちょっとお値段は張るけど手に入れよう」という買物を一回する方が、ずっと気持ちは満たされます。**

使えるお金には限りがある中で、どれだけ自分を満足させられるかを工夫していきたいですよね。私は買う服の量を減らすことで、以前よりもずっと満足度の高い買物ができるようになりました。

もちろん、プチプラ服を選ぶ時も真剣勝負。今は子育て中心の生活ということもあり、お値段がお手頃な服を買うことも多いのですが、リーズナブルだからといって、「気に入らなかったら部屋着にすればいいや」という感覚では買いたくないなと思っています。妥協して服を買えば、「なんとなく買った」服がどんどん増えてしまい、自分のワードローブに対する「好き」の度合いが下がっていってしまうからです。

自分が満足できる服を厳選し、心底納得してから購入する。このスタンスは、値段に関係なく大切にしたいと思っています。そうすればクローゼットは、見るたびにときめくものになるはずです。

試行錯誤してたどり着いたのは、ブラウス、パンツ、時々ワンピースというワードローブ。色味もベーシックカラーが多め。

白シャツと黒パンツの組み合わせが定番。よくあるコーディネートですが、一つひとつのアイテムがお気に入りだと、それだけで心が弾みます。

同じパンツでも、ブラウスをきれいめに変えれば、よそ行き仕様に。こんなふうに万能に使えるアイテムが好きで、選ぶ時の基準のひとつになっています。

# 暮らしの快適さを考え続けたら、ミニマリストになれました

昨年、小さな中古住宅を購入し引っ越したのですが、家を手にした瞬間から、「家を管理する」という家事が必然的に始まりました。

これは家だけではなくて、自分が手に取るすべてのものに共通することだと思っています。どんなものでも、**手に入れた瞬間から管理する責任が生まれます**。つまり何かを購入したら、収納場所を確保し、片づける労力が必要になるということ。「買いたい」と思うのは簡単ですが、その時は一度立ち止まって、「自分に管理できるかな？」という視点で考えることが大切なのだと思います。

そもそも私は整理整頓があまり得意ではなく、面倒がってなかなか行動ができないタイプの人間です。そんな私だからこそ、「いかに楽にものを整理するか」という方法について色々と模索した結果、行き着いたのが「ものを減らすこと」でした。

**収納するスペースに対してものの量が少なければ、整理整頓することはそんなに難しいことではありません。**工夫が必要なのは、もっぱらものが少ないとは言えない場合です。

「自分にとって必要なものとそうではないもの」を見直しながら、限りあるスペースに、無理な

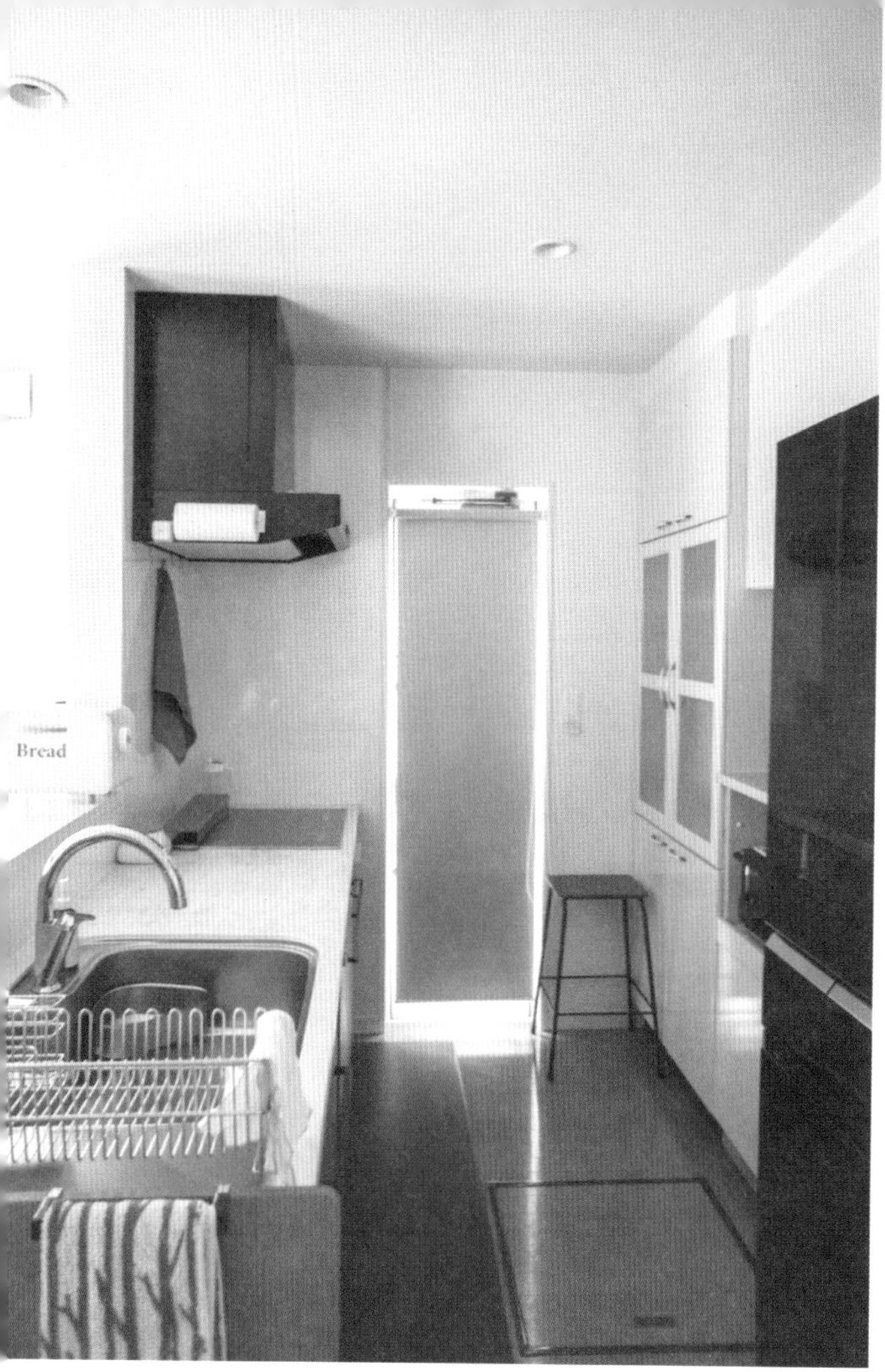

く入る分だけ収納していく。見直した結果、どうしても入りきらないのなら、それは収納が不足していたということ。その場合は、収納グッズを買い足せば大丈夫です。けれど、そこまで必要でないものにスペースを占拠されていたのなら、それは見直す必要があると感じています。

限られたスペースに対して無理なく収納できるものの量へと調整すれば、暮らしは快適になると感じています。

# 気持ちの余裕が収納に表れる

ものをしまう場所には、自分の美意識や「気持ちの余裕」がそのまま表れると感じています。心と収納場所はリンクしていて、例えば心に余裕があると、引き出しの中にも余白が生まれ、整然とします。

忙しい時にはつい色々なものを押し込みがちになってしまいますが、それも、量が少なければ回避できます。余白が作れなくなるなら、ものを買わない。それが難しいなら他のものを手放す。シンプルですが、そんな風に自分で決めておくのが大切だと思っています。

特に気に入っているのは、キッチン収納。夫が寸法を測って、100円均一のプラスチックケース、無印良品のファイルボックスを揃え、家族が使いやすい「我が家仕様」にカスタムしてくれました。決して高価な収納ではありませんが、私にとってはとても価値のある、お気に入りの収納です。

キッチンの収納。ちょっとした収納にも余白があると落ち着きます。

# 心地よく過ごすための、<br>私のナイトルーティン

キッチンリセットやテーブルの掃除には、万能なシートクリーナーを使って時短。手軽にキレイになるので重宝しています。

夜ご飯はバタバタしがちなので、予め食材を切り、調味料も混ぜて準備しておきます。

子ども2人とのお風呂時間はなかなか慌ただしく、必要なものだけサッとつけられるスキンケアアイテムに助けられています。

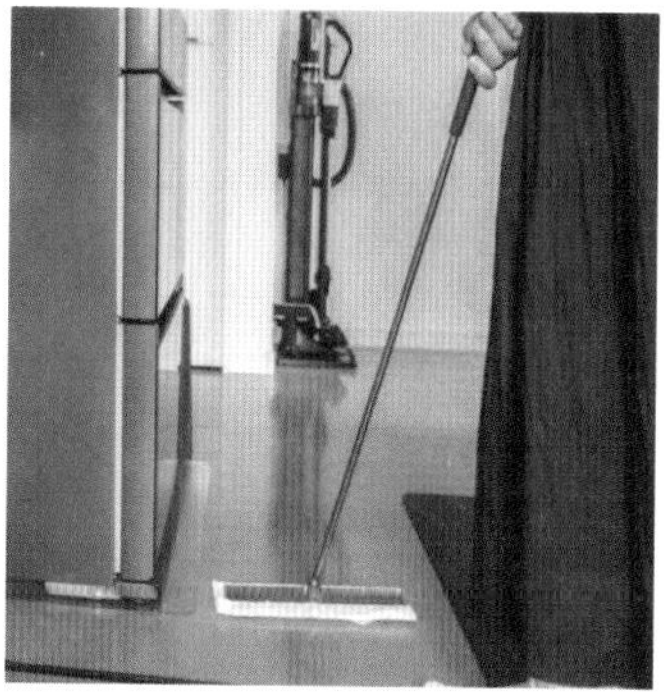

夜の数分だけでもフローリングの拭き掃除をしておくと、次の日の朝から気持ちよく家事ができます。

## 今以上の自分を目指さなければ、ものは増えない

ものを増やさないためには、「今以上の自分を目指さない」ことが一番効果的なのではないかと思います。それは成長するのを諦めるということではなく、**「今の自分に満足する」「既に満たされていることに気づく」**ということです。

以前は、数万円の服を月に何着も購入していた時期もありました。しかし、子どもが小さくなかなか働けない時期を経験したことで、これからかかるお金を具体的に逆算するようになり、お金には限りがあることを強く意識するようになりました。

高価な服を何着も買っていた時の私は、既にたくさんの服を持っていたはずなのに、それに気がつかず、上ばかり見ていたのかもしれません。

向上心を持つことはとても大切なことだと思います。けれど、**「もっともっと」という願望にはキリがありません**。服もインテリアも、上を目指せばもっとこだわれる部分はもちろんたくさんあります。けれど上を見つめ続けていれば、永遠に満足することはできません。今は、こだわりをあまり持たないくらいがちょうどいいなと感じています。

## 無理して生活から必要なものまでカットしない

何かを買いたいと思った時、それが本当に必要かどうかの見分け方は、ないなら、ないなりになんとかなるか？ということ。たとえば、キッチンで使うスクレーパー。食器洗いの際にあったら便利かなと思うのですが、今は牛乳パックを小さく切ったものを代用して使っています。こんな風に、別のもので事足りている場合には、買わないことが多いです。

ただ、私はミニマリストではありますが、必要な分までカットしないことを意識しています。たとえば子どものもの。想像以上に必要なグッズが多く、驚かされることも多いのですが、これらは必需品だと思っています。長男が1歳の時に利用した未満児保育では、毎日着替え3セットが必要で、必然的に服が多くなりました。けれど、それは園を利用するために必要なものと捉え、無理に量を減らすことは考えませんでした。

子どもの成長はきっと一瞬で、こんなに着替えが必要な時期もあっという間に終わるのだと思います。成長に合わせて必要なものを用意することを大変に感じることもありますが、それもきっと、今だけのこと。だからこそ、楽しみながら向き合っていけたらと考えています。

## 幸せになるものを厳選し、自分の「好き」を積み重ねていく

今思い返すと、以前の私は「なんとなく買っている」ことが多かったなと思います。買った瞬間はそれなりに満足するのですが、その満足感は本当に一時のもの。心から気に入って買ったわけではないので、その幸福感は長続きしないことが多かったのです。

ミニマリストになろうと決め、ものを手放すことを続けているうちに、「あ、これは手放したくないな」と手が止まるアイテムがいくつかありました。白い食器、大好きなDEAN & DELUCAのアイテム、シンプルベーシックな服……取捨選択を続けているうちに、**そういった大好きなアイテムたちに改めて心が動き、周りからの情報に紛れてしまっていた自分の「好き」を見つけることができました。**

大量にものを捨てた時にも、手元に残したいと強く感じたこれらのアイテムは、今も私の暮らしを豊かにしてくれています。

買物をする時には、自分が幸せになれるものを厳選するのがおすすめです。幸せになれるものとは、心から「好き」と思えるもののこと。この「好き」の基準は、自分にさえ通用していれば良く、

誰かに気を遣う必要も、共感を得る必要もありません。誰かに認められることよりも、自分の「好き」を積み重ね、身の回りが「好き」でいっぱいになっていく方が、ずっと大切なことだと思います。

アウター、バッグなど、長く使うと決めたものは万能な黒をチョイス。

少ない服での暮らしに心強い割烹着は、re:noraのもの。

長年愛用しているDEAN & DELUCAの保冷バッグとマイバッグ。

## なんでも買っていたら、貯金はできない

自分の出費の傾向を見直した結果、「買物の回数をいかに減らすか」に重点を置くようになりました。

スーパーやドラッグストア、そしてコンビニ。目的のものを買いに行ったとしても、それだけを買って帰る、ということは難しいもの。私も以前は、予定外の買物をするのが当たり前でした。

**行けばどうしても欲しくなってしまうのが人情というものですから、お金を計画的に使うためには、買物の回数を減らすのが効果的です。**私は今では、買物メモを事前に作り、週に一度、まとめて買いに行くように工夫。それにより、支出がぐっと減りました。

**「なんでも買っていたら貯金はできない」**というのは、以前、義母が発した言葉です。何気なく言った言葉だったのかもしれませんが、とても心に残っていて、今でも自分に投げかけています。せわしなく色々なものを買い込む毎日では、自ずと出費がどんどん発生してしまいます。「買う」という行為に踏み切るのは、その奥に「必要」と思う気持ちがあるから。けれど、ちょっとした習慣や心がけを変えれば、避けられる買物もあるはずです。

## 物欲は可愛がるぐらいのスタンスで

「物欲」と言うとネガティブな言葉のイメージがありますが、本来は、何かを欲しい、買いたいと思う素直な気持ちですよね。ですから無理に抑え込まずに、「私はこれが買いたいんだね」と、その気持ちを可愛がるぐらいのスタンスで付き合っていくのが私の理想です。

我慢のしすぎは却ってストレスを溜めることになってしまいます。本当に何かを欲しいと思ったなら、我慢する必要はないと思います。大切なのは計画性。お金を積み立て、金額が用意できてから買うようにするなど、自分でコントロールして計画的に買物をすれば、気持ち良く買物ができます。

私が気をつけたいな、ちょっと厄介だなと感じているのは、見栄を張りたいと思う気持ち。何かを買いたい時は、その動機を深く見つめてみることが大切だと思っています。単純にそれが好きだからなのか、もしくは周囲から良く思われたいからなのかを見つめ、後者のような、自分のシンプルな「好き」とは少し離れたところにある感情には、気を付けるようにしています。

## ミニマルな暮らしで身についた、貯金しやすい思考

もともと浪費家だった私ですが、ミニマルな暮らしを通じて、「貯金しやすい思考」を身につけることができたかなと思っています。

本当に必要なものだけを選別し続けるという作業の中では、自分と深く向き合います。その中で、自分が大切にしたいことや、自分が心から喜ぶことを知ることができ、それは買物をする上での重要な指針となりました。それによって、本当に必要なものにしか、お金を使わなくなったと感じています。

そして大きな変化だと感じているのが、目の前にあるものに満足するスキルも身についたこと。「あれも欲しい」「これも欲しい」と思う気持ちは、裏を返せば、「まだまだ足りない」という欠乏感を抱えているということ。自分が大好きなものだけに囲まれた暮らしをしていると、目の前にあるもので十分だという思考になってきます。必然的に、「足りないから」「不便だから」といった理由で、気軽にお金を使うことが減りました。

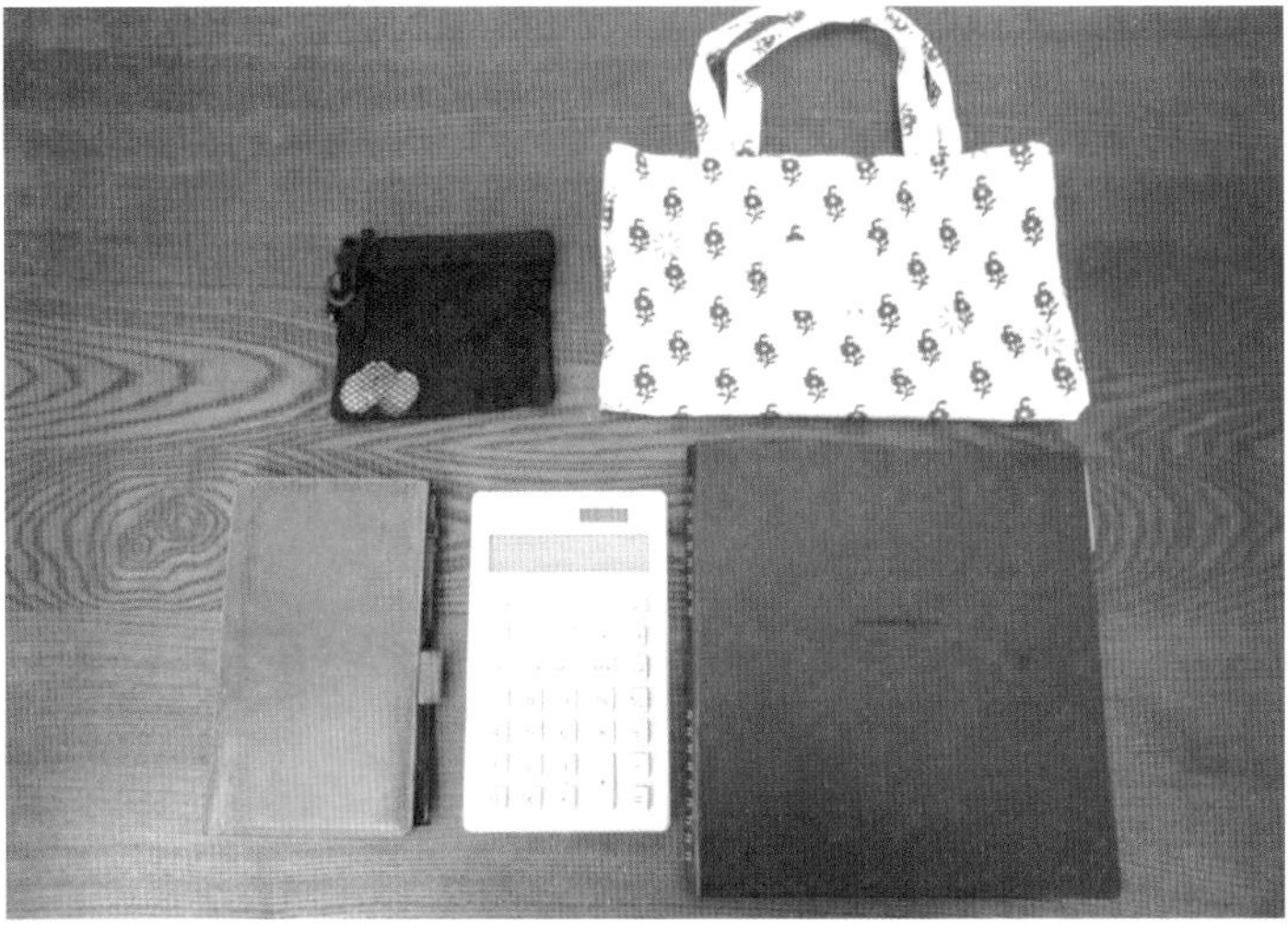

家計管理は実は苦手……。お気に入りのセットを用意し、少しでも楽しくできるように工夫。

HIGHTIDE のハウスキーピングブック パヴォ 家計簿を使用しています。

## ものが減ったことよりも、気持ちのゆとりができたことが嬉しい

私の場合、ミニマリストになったことで、「ものすごく貯金が増えた！」「人生が劇的に変わった！」といったことはありませんでした。

ただ、日々の暮らしを優先する中で目を背けていた、心の中のもやもやする部分と向き合うことができるようになったのは、大きな収穫だと思っています。

私の今の住まいは小さな戸建てで、リビングは11畳ほどの大きさです。ですから、なるべくものを少なくしようと工夫するようになり、家具やインテリア雑貨はあまり置かないようにしました。

ものを少なくしたいと思ったのは、毎朝を、すっきりしたお部屋で迎えたいと思ったから。本当に小さなことではありますが、穏やかな気持ちで朝を迎え、そのまますぐ家事に取りかかれる、そ**んな暮らしは私にとってはとても価値があるもので、ものを減らして本当によかったな、と実感する瞬間**でもあります。

「いつか使うかもしれない」というものを抱えながら暮らすのは、それなりにストレスがかかるもの。もちろん、見ないふりをして抑え込みながら暮らすこともできますが、ミニマリストになる

のなら、その「見ないふり」をしているものたちといかに向き合っていくかが大切だと思います。

　体力的、精神的、そして時間的な労力はもちろんかかりますが、**本気を出したら、やっぱり暮らしも人生も変わります。**

　私も時間はかかりましたが、昔はパンパンだった収納場所には、今ではゆとりがあり、それが心の余裕につながっています。この心穏やかな暮らし方が、私はとても気に入っています。

東京インテリアのソファー、テーブル、イス。すっきりとした部屋でお気に入りの家具に囲まれていると、心が満たされます。

# minimalist questionnaire

question 1

## あなたにとってミニマリストとは？

自分の人生を豊かにし、自由になれる生き方。(MIHO)

心地よく暮らす方法。
(megumi)

手段。(あい)

可能性を広げてくれました!
(Odeko)

自分にとって不要なものを手放し、自分の「好き」を大切にする人のこと。(ゆく)

生き方、そのもの。(小菅彩子)

幸せへの通過点。
(よしかわりな)

question 2

## ミニマリストになって一番変わったことは？

物事に対する考え方が変わり、日常を穏やかに過ごせるようになった。((MIHO)

余裕を持って生きられるようになり、色々な挑戦ができるようになった。
(megumi)

フットワークが軽くなった。
(あい)

自立心を持てるようになった。
(Odeko)

自分の好きなものを改めて再認識できた。(ゆく)

失敗を恐れず、チャレンジできるようになった。(小菅彩子)

自分の本当に好きなもの、大切にしたいことに気が付けた。
(よしかわりな)

question3

## ワードローブの数は？

13着。(Odeko)

25～30着。(ゆく)

22着。(小菅彩子)

15着前後。(よしかわりな)

服、靴、バック合わせて21点。((MIHO)

服、靴、バッグ合わせて22点。(megumi)

23着。(あい)

question 4

## ミニマリストを目指す人へのアドバイスを！

ベストな状態は人それぞれなので、無理のない範囲でのんびりと、がオススメです。(ゆく)

今、目の前にあるものを手放せないか考えてみること。ペン1本でも、一つ手放すごとに、小成功体験の積み重ねとなり、少しずつ自分が変化していくのを感じられるはず。(小菅彩子)

買う量より手放す量の方が多ければ、家の中のものはいずれ減っていきます。地道にコツコツ、一緒に頑張りましょう～！(よしかわりな)

なりたい姿や暮らし方、みんながオススメしていることなど、ぜひ取り入れてみてください。試行錯誤していくうちに、自分に合うミニマルスタイルが見つかると思います。(MIHO)

生きるのにそんなにたくさんのものはいりません。ものや凝り固まった思考や習慣を捨てると、心地良く生きることができます。(megumi)

まずは、1年以上使っていないものから見直してみてください。(あい)

荷物を手放した先に別の何かが得られる！ 冒険気分でミニマルライフを楽しみましょう！(Odeko)

撮影　MIHO (p.8 ~ 33)
megumi（p.34 ~ 59）
あい（p.60 ~ 85）
Odeko（p.86 ~ 111）
ゆく（p.112 ~ 137）
天野憲仁（日本文芸社）
（p.138 ~ 143、147 ~ 163）
小菅彩子（p.145）
よしかわりな（p.164 ~ 189）
イラスト　Odeko（p.93,107,111）
間取り図制作　デザイン工房ハコ

時間《じかん》とお金《かね》に愛《あい》される　ミニマリスト7人《にん》の毎日《まいにち》
「大好《だいす》きなもの」しか持《も》たない　少《すく》ない暮《く》らし

2023年2月1日　第1刷発行

編　者　日本文芸社
発行者　吉田芳史
印刷所　株式会社 光邦
製本所　株式会社 光邦
発行所　株式会社 日本文芸社
〒100-0003
東京都千代田区一ツ橋 1-1-1　パレスサイドビル 8 F
TEL　03-5224-6460（代表）

Printed in Japan
112230116-112230116 Ⓝ01（290065）
ISBN978-4-537-22066-7

（編集担当：藤井）

内容に関するお問い合わせは、
小社ウェブサイトお問い合わせフォームまでお願いいたします。
https://www.nihonbungeisha.co.jp/